Ln 27/15959
B

NOTICE

HISTORIQUE ET BIBLIOGRAPHIQUE

SUR LE LIVRE

DE ARTIFICIALI PERSPECTIVA

DE

JEAN PÈLERIN

DIT LE VIATEUR

NOTICE

HISTORIQUE ET BIBLIOGRAPHIQUE

SUR

JEAN PÈLERIN

DIT LE VIATEUR

Chanoine de Toul

ET SUR SON LIVRE

DE ARTIFICIALI PERSPECTIVA

PAR

M. ANATOLE DE MONTAIGLON

PARIS
LIBRAIRIE TROSS
PASSAGE DES DEUX PAVILLONS (PALAIS-ROYAL), N° 8

Mai 1861

A MONSIEUR BEAUPRÉ

CONSEILLER A LA COUR IMPÉRIALE DE NANCY

Si je me suis plus longuement étendu sur le livre de Pèlerin que vous n'avez fait dans vos Recherches sur l'imprimerie en Lorraine, c'est qu'au lieu d'en parler incidemment et à sa date, j'avais à lui consacrer une monographie. Vous avez bien voulu ajouter à ce que votre ouvrage me donnait déjà, et c'est par vos yeux que j'ai vu les planches de la première édition et les registres de Toul. Permettez-moi donc de vous adresser cette étude, dont une partie vient de vous.

ANATOLE DE MONTAIGLON.

NOTICE

HISTORIQUE ET BIBLIOGRAPHIQUE

SUR

JEAN PÈLERIN

DIT LE VIATEUR

Chanoine de Toul

ET SUR SON LIVRE

DE ARTIFICIALI PERSPECTIVA

Lue à la Société impériale des Antiquaires de France dans sa séance du 9 janvier 1861

ercier de Saint-Léger est le premier bibliographe qui ait parlé avec quelque détail de la Perspective de Pèlerin ([1]); M. Teissier est revenu sur ce livre dans l'appendice de son Essai sur la typographie à Metz ([2]), et M. Beaupré en a décrit, avec tout le soin désirable, les trois éditions dans son savant ouvrage sur l'imprimerie en Lorraine ([3]).

1. *Notice raisonnée des ouvrages de Gaspard Schott, jésuite......* Paris, Lagrange, 1785, in-8º, p. 8-9 et 86-8.
2. *Essai philologique sur les commencements de la typographie à Metz et sur les imprimeurs de cette ville*, Metz, 1828, in-8º, p. 264-7. Anonyme; M. G. F. Teissier, son auteur, était sous-préfet de Thionville.
3. *Recherches historiques et bibliographiques sur les commencements de l'imprimerie en Lorraine et sur ses progrès jusqu'à la fin du XVIIe siècle*, Nancy, 1845, in-8º, p. 20-9, et *Nouvelles Recherches de bibliographie lorraine*, Nancy, 1853, p. 20-3. — Dans sa brièveté, la note du *Manuel* de M. Brunet, au mot *Viator*

C'est de toute façon un ouvrage curieux. Le seul traité de perspective antérieurement imprimé, celui de Jean Peckham, archevêque de Canterbury ([1]), qui a été publié plusieurs fois en Italie à la fin du XVe siècle ([2]), s'occupait plutôt de géométrie et d'optique que de l'application de la perspective à l'art de la peinture ([3]). Le traité de Pèlerin est uniquement consacré à cet objet, et ses préceptes sont accompagnés d'exemples ; il est très rare, et c'est un des premiers livres imprimés en Lorraine. A tous ces titres il méritait l'honneur d'un fac-simile complet et d'une étude spéciale. M. Pilinski a fait le premier, en copiant l'original avec une merveilleuse exactitude ([4]) ; nous allons tenter la seconde, en ac-

(IV, 603), est d'une parfaite exactitude ; celle de Barbier (*Dict. des Anonymes*, n° 19,789) est insignifiante.

1. Depuis 1279 jusqu'à sa mort, arrivée en 1292. Somner et Battely, *Antiquities of Cantorbery*, London, 1703, 1re partie, p. 128 ; 2e partie, p. 70.

2. Il l'a été au moins deux fois. Voici les titres de ces deux éditions, reliées ensemble à la Bibliothèque impériale, V. 150 :

Jo. archiepiscopi Cantuariensis Perspectiva communis, per L. Gauricum, Neapolitanum, emendata. In-folio de xviii feuillets.

Prospectiva communis Do. Johannis, archiepiscopi Cantuariensis, fratris ordinum minorum..... castigata per.... B. Facium Cardanum Mediolanensem. In-folio (27 feuillets). (Milan, vers 1490.)

— La Perspective de Vitellio ou Vitello, auteur polonais du XIIe siècle, n'a été imprimée que bien après Pèlerin, puisqu'elle n'a paru qu'en 1572 (Voir Brunet, I, 66). Celle du frère Lucas Pacioli, avec des dessins du Léonard, n'a paru qu'en 1508, c'est-à-dire deux ans après la seconde édition de Pèlerin. (Brunet, I, 418.)

3. Il faut cependant remarquer qu'en 1505, date de la 1re édition de Pèlerin, il a paru un autre essai de perspective, qui se trouve dans deux éditions de la *Margarita philosophica* de Reysch : l'une est imprimée à Strasbourg chez Grüninger ; l'autre, dont l'ami qui me signale ce fait n'a vu qu'un fragment, est imprimée en caractères plus petits, et la Perspective n'y est pas insérée à la même place ; elle ne se retrouve d'ailleurs dans aucune des nombreuses éditions, antérieures ou postérieures, de cette célèbre encyclopédie.

4. Dans tous les procédés de reproduction usités jusqu'à ce jour, il était impossible de répondre de ne pas détruire, ou tout au moins de ne pas abîmer, l'exemplaire qu'on reproduisait. Cela avait peu d'importance quand il s'agissait de copier un ouvrage dont on pouvait sacrifier un exemplaire ; mais l'utilité de ce genre de reproduction *fac-simile* est surtout de pouvoir copier un exemplaire unique, et, dans ce cas, celui-ci doit être respecté. C'est à quoi M. Adam Pilinski est

compagnant cette reproduction d'une notice sur Pèlerin et sur son livre. Les points divers qui doivent y être successivement examinés la divisent naturellement en quatre parties. La première sera consacrée à la personne de l'auteur, la seconde à la description des éditions de son livre, la troisième à l'étude des planches qui l'accompagnent, et la quatrième à un essai d'explication des noms de peintres qui s'y trouvent énumérés.

parvenu, et c'est ce qui constitue la nouveauté et la supériorité de son procédé. Qu'il opère sur un imprimé, sur un manuscrit ou sur une estampe, son modèle reste aussi pur que s'il n'avait pas servi à donner d'empreinte.

L'AUTEUR

DE

LA PERSPECTIVE ARTIFICIELLE.

Pèlerin, appelé dans des inscriptions *Joannes Peregrinus*, a signé son livre du nom de *Viator*, c'est-à-dire le viateur, le voyageur. Il est évident que ce n'est là qu'un surnom. Pèlerin avait une double raison de se donner celui-là, et parce qu'il avait voyagé, et surtout parce que le mot rappelait le sens de son nom de famille. Notre auteur le traduisait par Peregrinus; tous les historiens Lorrains ont retraduit sa transcription par Pellegrin. C'est en Lorraine la forme commune de ce nom, et il suffira de citer le Pèlegrin, qui fit en 1487 les orgues de Saint-Georges à Nancy ([1]), et l'Antoine Pèlegrin, du Comtat, qui fut évêque de Toul en 1537; mais, dans l'ouest de la France, dont notre auteur était originaire, la forme naturelle serait Pellerin ou Pèlerin, et, malgré le silence de La Croix du Maine et de Du Verdier, il nous semblait plus naturel de l'appeler ainsi. Cela, du reste, était sans importance, et, en l'absence de témoignages français, on aurait pu continuer à l'appeler Pellegrin, pour ne pas rompre avec les habitudes des écrivains lorrains; mais les registres capitulaires de Toul décident la question dans le sens où nous la préjugions avant

---

1. Dom Calmet, *Bibliothèque lorraine*, Nancy, 1751, in-folio.

que M. Beaupré et M. Lepage, le savant archiviste de Nancy, eussent eu la bonté de vérifier ces registres, et d'y constater que, de 1500 à 1523, notre chanoine est désigné plus de quarante fois sous le nom de Pèlerin, non seulement dans des actes écrits en français, mais même dans des documents latins. Devant cette confirmation authentique, il n'y avait, comme on le voit, plus de raison d'hésiter, et nous avons dû restituer au nom de notre chanoine la forme qu'il avait dû avoir en France et qu'il avait conservée en Lorraine.

Jean Pèlerin était Vendéen ; au bas de la planche où il a représenté un bourdon et une escarcelle de pèlerin, on lit, dans la première édition : *Malleacen*, c'est-à-dire de Maillezais. La souscription du titre de la troisième édition : *De Bosco Joannis—Coriloni—Malleacensis*, surmontée des mots : *Vicus—Fons—Diocesis*, insiste sur ce point avec plus de détail. Pèlerin était donc de l'évêché de Maillezais, fondé en août 1313 par Jean XXII, supprimé en 1648 et transféré à la Rochelle (¹). Les deux autres mentions sont plus énigmatiques. *Vicus*, c'est le village, le hameau, bien plutôt l'écart ou la maison du Bois-Jean ; le nom est très commun, mais le lieu est bien peu important, car nous n'avons pas pu parvenir à le trouver dans la circonscription de Maillezais, ce qui s'expliquerait très bien si l'on fait attention que Pèlerin, s'appelant Jean, a pu transitoirement donner son nom à sa maison. *Fons*, ce n'est pas une rivière, c'est une source ou un ruisseau ; mais *Corilonus* est aussi une énigme, et je n'aurais su quelle explication proposer, si M. Arnauldet, qui est Poitevin, ne m'avait appris que, dans son pays, on appelle du nom générique de *courillon* tous les petits cours d'eau désignés dans le Nord sous le nom de *rut*; celui qui passait au Bois-Jean se serait alors appelé le courillon par excellence. Nous ne l'avons pas trouvé davantage ; les dictionnaires géographiques n'ont dressé la nomenclature que des lieux habités ; ils négligent totalement les noms de montagnes, de

1. *Gallia christiana*, II, 1368.

plaines, de cours d'eau, et les cartes, sous ce rapport, sont presque aussi incomplètes.

En 1505, date de la première édition de la Perspective, Pèlerin avait plus de soixante ans, puisqu'il dit lui-même passer *la sixième décade*. Il serait donc né avant 1445, ce qui cadre avec une affirmation du P. Benoît ([1]) copiée par l'auteur de la *Bibliothèque lorraine*. Son épitaphe le traitait seulement de *secretarius regius*. Ces deux auteurs vont plus loin : ils disent qu'il a été secrétaire de Louis XI ; à la mort de ce prince, en 1483, Pèlerin avait au moins trente-huit ans. Malheureusement les archives de la Confrérie des secrétaires du Roi, établie aux Célestins de Paris, ne sont arrivées qu'incomplétement aux Archives de l'empire, et nous ne pouvons rien ajouter à la sécheresse du fait ([2]). Pèlerin, selon les mêmes auteurs, aurait même composé un éloge de ce prince, que nous ne connaissons pas. A cause du nom de Viateur, on pouvait penser à lui attribuer encore les additions aux Chroniques d'Anjou de Jean de Bourdigné, qui, dans l'édition imprimée à Paris en 1529 par Antoine Couteau pour Charles de Boigne et Clément Alexandre, libraires d'Angers, portent au titre qu'elles sont « reveues et additionnées par le Viateur ». Il faut pourtant renoncer à y voir notre chanoine, puisque ces chroniques, qui sont jusqu'au bout tout angevines, alors que notre chanoine habitait depuis longtemps la Lorraine, vont jusqu'en 1527 ; il était alors mort depuis quatre ans. Ce nouveau Viateur serait alors ou Jean Bouchet, le *traverseur des voies périlleuses*, ou plutôt encore un Pèlerin différent du nôtre. Pour les maintenir à notre Pèlerin, il y aurait surtout à s'appuyer sur la présence du nom de Viateur ; mais il peut avoir été repris par un autre. Ainsi Jean Marot a signé de la devise *Espérant mieux* son poëme sur la convalescence d'Anne de Bretagne, qu'a

---

1. *Histoire de la ville de Toul*, Toul, 1707, in-4º, p. 605-6.
2. Les deux personnes qui connaissent le mieux les pièces du temps de Louis XI, Mlle Dupont et M. Quicherat, ne se souviennent pas d'en avoir rencontré qui soient contresignées par Pèlerin.

publié récemment M. Guiffrey, et c'est de cette façon qu'a signé Jean Le Houx, sieur de Branville (*Anciennes poësies françoises*, t. II, p. 32); la devise: *Tout par raison*, etc., est celle de Pierre Gringore; elle a été employée aussi par l'anonyme qui s'intitule: *Le Seigneur du Rouge et du Noir* (*Idem*, III, 11) et qui emploie aussi l'*Espérant mieux* (III, 12 et 24). De toutes façons il faudrait étudier de bien près les Chroniques pour avoir une opinion sur ce Viateur, et il n'y a guère que M. Marchegay qui pourrait s'occuper de cette question avec quelque chance de la trancher. Les additions sont, au reste, énigmatiques de toute façon, puisque Jean de Bourdigné, auteur principal du livre, ne mourut qu'en 1555 (Moréri), et ce fait pourrait faire penser, comme l'ouvrage est divisé en trois parties sans indications d'additions, que Bourdigné, plus jeune que Pèlerin, a pu, avant la mort de celui-ci, faire revoir par lui son ouvrage en manuscrit, et, ne l'imprimant que plus tard, y ajouter lui-même les années postérieures à 1523.

Les planches du livre de Pèlerin nous ont conservé la preuve qu'il a voyagé en France. Il est tout simple que Pèlerin connaisse Angers et Paris, mais il est plus curieux de constater sa tournée dans le Midi, attestée par les planches où figurent les ponts de Brioude et de Saint-Esprit et le rocher de la Sainte-Baume, qu'il dut visiter dans un but de pèlerinage. On peut même fixer la date du voyage à l'année 1491. Dans l'édition de 1521, le distique de la planche du pont de Brioude porte que Pèlerin l'a vu il y a trente ans. C'est postérieurement à ce voyage qu'il vint en Lorraine; nous le pouvons induire de ce que les écrivains lorrains n'ont signalé dans ses planches aucun monument de leur pays, et surtout du passage (A. 9 v°) où Pèlerin dit que c'est « en passant par les fins de Lorraine — *fines Leucorum pertransiens* » qu'il composa son ouvrage. Alla-t-il en Italie? Je ne voudrais pas l'affirmer; la renaissance antique, visible dans tous ses monuments civils, était assez décidée en France dès le règne de Charles VIII pour n'avoir pas besoin de ce voyage pour être expliquée, et je ne verrais pas non plus une raison suffisante de tirer cette conclusion de inscription : IV. II. P. M. qui se trouve sur deux de ses planches (¹). La première édition étant de 1505 et Jules II n'étant à ce moment pape que depuis deux ans, il y faut chercher seulement l'assurance que Pèlerin ne composa pas son livre longtemps avant de l'imprimer.

Une fois en Lorraine, il ne paraît plus l'avoir quittée ; les trois éditions de son traité, publiées dans un intervalle de seize ans, le prouveraient suffisamment, quand même nous ne saurions pas qu'il a été chanoine de Toul (²). Il l'était certainement avant 1512, puisque c'est la date d'une inscription qui nous a été conservée par dom Calmet. Elle était sur une lame de cuivre fixée sur la muraille près du tombeau de saint Mansui, premier évêque de Toul (³), et par conséquent non pas à la cathédrale, mais dans l'église de l'abbaye des Bénédictins, au faubourg de Saint-Mansui (⁴) :

> Ici dessous fut mis gesir en terre
> Saint Mansui, disciple de saint Pierre,
> Qui suscita par devote prière
> Le fils du roi noyé en la rivière,
> Et la cité et pays (⁵) convertit
> En un seul Dieu, Père, Fils(⁶), Saint-Esprit,

1. L'une ne figure que dans la 1ʳᵉ édition, D. 2; l'autre que dans la seconde, C. 1 recto, et dans la 3ᵉ, C. 3 verso, où l'inscription commence par T., etc., et n'est qu'en une ligne, tandis que dans la première édition il y a J. II — P. M. en deux lignes.

2. Mercier de Saint-Léger (loc. cit., p. 8) s'est trompé en disant que Pèlerin était chanoine de Saint-Dié, ce qui se rapporterait à la collégiale de la ville de Saint-Dié (Vosges). C'est de la cathédrale de Toul que Pèlerin était chanoine, et elle était consacrée à Notre-Dame et à saint Etienne. — Sur la constitution du chapitre, on peut voir Waroquer, *Etat de la France*, 1789, I, p. 535.

3. Il est bien connu dans les arts par la gravure de Callot, sur laquelle on peut voir l'excellent catalogue de M. Meaume, seconde partie, n° 141, p. 98-104. — Sur saint Mansuy, voir les Bollandistes, à la date du 3 septembre.

4. Voir Thiery, *Histoire de Toul*, le plan, le tome I, p. 30-34, et, à la fin du 2ᵉ volume, la notice sur la cathédrale, p. 1, note 1.

5. Calmet : et le pays. — 6. Calmet : fils et. — Leçons qui faussent la mesure.

Lequel veuille garder notre saison,
Nos âmes, corps, biens, labeur et maison,
Et nous mener par bonne et longue vie
Au vrai salut et liesse infinie. Amen.

Joannes Peregrinus viator posuit 1512.

Il mourut au commencement de 1524, et fort âgé, puisqu'en mettant sa naissance en 1445, et il peut être né quelques années auparavant, il aurait eu 76 ans. Voici l'épitaphe, ou plutôt l'inscription commémorative, qui était dans l'église de Toul, et qui a été reproduite par le P. Benoît et par dom Calmet :

« Venerabili D. Joanni Peregrino, olim viatori Andegavo, hujus ecclesiæ canonico, regio quondam secretario, perspective artis acutissimo indagatori, doctrina et moribus perspicuo, virginumque virtutum fulgore clarissimo, Robertus Joannetus, etiam canonicus, discipulus benefactori suo posuit 1523 prima februarii. »

Les auteurs lorrains ne permettaient pas de dire autre chose de sa biographie, et il aurait fallu s'en tenir là si les registres capitulaires n'avaient été tout récemment retrouvés par M. Henri Lepage qui les a fait déposer au trésor des chartes de Nancy. Malheureusement ils ne se suivent pas sans interruption ; il y a des lacunes, dont l'une, très regrettable, va de 1479 à 1500. Aussi c'est à compter du XVIe siècle seulement qu'on y voit figurer le nom de Jean Pèlerin, quoiqu'il ait été appelé au chapitre de Toul longtemps auparavant, mais pas avant 1480.

En 1500, Jo. Pèlerin est dénommé le 17e ; c'est le rang de sa réception parmi les membres présents, qui ne dépassent guère 32 à 34. Le personnel du chapitre était de 37, après avoir été de 60, puis de 50. En 1502, il est mentionné comme commis « ad directionem status domus Dei ».

Voici deux pièces relatives à Jean Pèlerin, extraites du même registre; quoique toutes deux du dernier mois de 1523 (vieux style) et postérieures à sa mort, elles ne sont pas sans intérêt. C'est M. Lepage qui, feuilletant avec M. Beaupré ces vieux registres, les a découvertes :

« Anno quo supra (1523) die prima februarii, ad canonicatum et prebendam quos quondam obtinebat magister Joannes Peregrinus, vigore litterarum apostolicarum coadjutus et fuit receptus D. Nicolaus Rogeti et inductus in possessionem per dominum Desiderium Carillon in persona D. Walerini, sui procuratoris, et juravit idem procurator. *Signé* Malhoste. »

C'est, comme on le voit, la réception du successeur de Pèlerin.

« Maistre Robert, comme exécuteur de feu maistre Jo. Pèlerin, satisfaisant à l'ordonnance dudit défunct, a délivré les quatre cens fr. par luy léguez, en disant par les coustres chacune sepmaine une messe des anges. A avec délivré une croix de kresal ([1]), chargée de pierreries, où y a ung crucifix, et deux figures pour achever la tapisserie du chœur ([2]). De toutes lesquelles choses Messeigneurs ont ordonné luy donner descharge et quittance due. »

Enfin, j'ajouterai que Pèlerin avait encore composé deux autres ouvrages au moins. L'un a été imprimé ; c'est une traduction du livre de Job avec ce titre : « Texte de Hiob translaté selon la vérité hébraïque, et bref commentaire du Viateur sur icelluy. » L'exemplaire, sans doute unique, se trouve dans le cabinet de M.

---

1. Le scribe a sans doute omis un *t*, et nous devons croire que la croix était de crystal.

2. Si par tapisserie on entend seulement la garniture et la décoration du chœur, ces deux figures seraient des statues ou des tableaux. Si, au contraire, il faut prendre le mot dans son sens précis, ces deux figures seraient ou deux pièces de tapisserie ayant chacune une figure, ou deux patrons dessinés pour servir de modèles.

Chartener à Metz, et c'est celui-là que M. Beaupré a signalé et décrit (1). L'autre ouvrage est resté manuscrit, et je ne puis que transcrire ce qu'en a dit le Père Benoît (2) :

« Pèregrin avoit de la science. Il travailla sur Ptolémée. Son ouvrage n'a pas été imprimé. Il le finit par ces rimes :

>   Memoriale monimentum.
>   In Christi nomine
>   Fœnum cum spinis et vento rejicere,
>   Almæ virtuti operam dare,
>   Hodie et cras et semper benefacere,
>   Confidere in Domino quam in homine.

« On y voit aussi cette épigramme :

>   In libro vitæ conversum scribe, Redemptor,
>   Deque Peregrino faciat tua gratia civem (3).

« Louis Machon, archidiacre de Port, donna ce manuscrit à M. Seguier, chancelier de France. »

La bibliothèque de Seguier, ayant passé au marquis de Coislin, évêque de Metz, qui la légua à Saint-Germain-des-Prés de Paris, est entrée en 1791 avec les manuscrits de cette abbaye dans la Bibliothèque alors Nationale; mais il serait inutile de chercher le Ptolémée de Pèlerin à la Bibliothèque Richelieu; en effet, il n'est pas même arrivé à Saint-Germain-des-Prés, puisqu'il ne se trouve pas dans le catalogue de Montfaucon (4). Peut-être sera-t-il resté

---

1. In-4º gothique de 134 feuillets. *Nouvelles Recherches*, p. 22-3.
2. P. Benoit, *Histoire de Toul*, p. 156.
3. Souvenir du droit romain. On sait à quel degré les droits des étrangers étaient inférieurs au droit de cité.
4. *Bibliotheca bibliothecarum*, 1739, in-folio, t. II, p. 1043-1123. — Il n'est

en Lorraine; mais, s'il existe encore, on ne peut attendre sa découverte que du hasard. Sa perte, en tout cas regrettable, l'est surtout parce qu'il serait curieux de comparer ce travail sur Ptolémée avec *la Perspective artificielle*, des éditions de laquelle nous allons maintenant nous occuper.

pas davantage dans le *Catalogue des manuscrits de la Bibliothèque de défunt Monseigneur le chancelier Séguier*, Paris, Franç. Le Cointe, 1686, in-12.

II.

LES ÉDITIONS

DE LA

PERSPECTIVE ARTIFICIELLE.

La première édition de *la Perspective artificielle* est de 1505. Elle est de beaucoup la plus rare. Mercier de Saint-Léger l'a décrite d'après un exemplaire qui se trouvait de son temps à la Bibliothèque Sainte-Geneviève; malheureusement, cet exemplaire, dont les catalogues manuscrits ont conservé les trois numéros successifs qui pourraient servir à le faire reconnaître, a disparu depuis longtemps, et je ne puis signaler, en France ([1]), que celui de la Bibliothèque de Nancy, acquis 315 francs, en octobre 1845, à la vente Cailhava, par les soins de M. Beaupré ([2]). Nous transcrirons la description qu'il en a faite : « DE ARTIFICIALI PSPECTIVA VIATOR ([3]). In-fol. de 46 ff., non chiffrés, dont 42 signaturés AI—Ev, les 4 derniers sans signatures. Les 4 premiers feuillets sont

---

1. Il y en a aussi un bel exemplaire à la Bibliothèque Impériale de Vienne.
2. Il y en avait aussi un exemplaire dans le catalogue de la bibliothèque du maréchal d'Estrées, 1740, 2 vol. in-8º, nº 8505 (Teissier, p. 266).
3. « Le frontispice, après les deux premiers mots du titre, présente douze cercles concentriques, au-dessous desquels est le mot VIATOR. » Mercier de Saint-Léger, p. 87. Si j'en juge par l'arrangement des carrés du frontispice des deux éditions suivantes, ces cercles ne doivent pas être exactement concentriques, mais, pour concourir à l'objet du livre, présenter en perspective les sections d'un cône tronqué.

occupés par le titre ci-dessus, qui est en capitales romaines rustiques, et par un texte latin, imprimé à longues lignes en lettres gothiques ; les 37 suivants par de grandes planches de perspective, gravées en bois au simple trait, et tirées d'un seul côté ; le 38ᵉ par un avis au lecteur, la souscription et la marque de l'imprimeur. Vient ensuite le texte français, imprimé sur les 4 feuillets additionnels, en sorte qu'il peut manquer sans qu'on s'en aperçoive. La souscription porte : Impressum Tulli Anno catholice veritatis Quigētesimo quīto supra « Milesimū ; Ad nonū Calendas Iulias. Solerti opera petri Iacobi pbri, incole pagi Sancti Nicholai. » On voit en regard, dans un encadrement, une croix transpercée de trois clous, avec les mots *fides ficit* en lettres gothiques à droite et des notes de plain-chant à gauche (1). C'est la marque de Jacobi (2), mais agencée autrement que dans la *Nancéide*. Les quatre premiers cahiers ont 8 feuillets ; le cinquième 10. »

1. Un *sol* et un *la* ; le mot *fides* étant placé sur le mot *ficit*, le rébus donne : Sola fides sufficit. Guy Marchand, libraire à Paris de 1490 à 1506, a employé le même rébus ; Brunet a copié sa marque II, 11, et IV, 94.

2. Petrus Jacobi voulant dire, au moins originairement, Pierre, fils de Jacob, il semblerait qu'il valût mieux dire Pierre de Jacob ou Pierre Jacob. « Jerôme Jacob », cité, d'après les comptes, par M. Beaupré (*Nouvelles recherches*, p. 19), et qui paraît avoir été le successeur de Petrus Jacobi, dont il était peut-être parent, serait même une raison de croire que Pierre Jacobi peut n'être que la traduction incomplète de la signature latine de notre imprimeur, et non son véritable nom vulgaire. Cependant il n'y a pas lieu de se départir ici de l'usage. Si M. Beaupré n'a pas retrouvé de quittances signées de notre imprimeur, c'est sous le nom de Pierre Jacobi qu'il est toujours mentionné dans les comptes français du temps (*Nouv. Rech.*, p. 12, 16 et 17), et il s'intitule ainsi lui-même dans la souscription française de ses Heures de 1503. Il faut donc ne pas changer ce nom, puisque cette altération a été consacrée par l'usage contemporain. Il est à remarquer, au reste, que cet usage était fréquent en Lorraine. Dans un acte capitulaire de 1502, Jean Pèlerin est appelé : Jo. Peregrini ; les mêmes registres en donneraient aussi des exemples pour d'autres noms, et M. Beaupré, (*Premières recherches*, p. 48) a remarqué justement, d'après Lemoine (Diplomatique pratique, 1765, in-4°, 182), que, dans les pays d'obédience voisins de l'Allemagne, l'usage de cette désinence était habituel, surtout chez les ecclésiastiques ; mais Lemoine se trompe quand il voit dans ce fait une manière d'italianiser les noms. Il est incontestable que ce n'est autre chose que l'emploi du génitif latin.

La seconde édition est moins rare; Croft en avait un exemplaire ([1]); j'en connais un superbe à la Bibliothèque Impériale, un autre à la Bibliothèque Mazarine ([2]), un autre chez M. Didot, un autre enfin chez M. Hippolyte Destailleur, l'architecte; c'est celui qui a servi de modèle pour la reproduction de M. Pilinski. Il y en avait un aussi dans la vente des livres de M. Libri, faite par autorité de justice en avril 1855 (n° 424 du Cat.). L'exemplaire, qui a été réclamé à la vente, était curieux en ce qu'il portait au titre la signature de Théodecte Tabourot des Accords, chanoine de Langres, qui se dit : « Alchimistes, medicus, sydereus, etc. » C'était le propre frère d'Etienne Tabourot, l'auteur des *Bigarrures*, et nous savons qu'il était grand curieux de choses d'art; en tête des *Bigarrures* se trouve une pièce de vers de Théodecte au seigneur des Accords, dans laquelle on retrouve l'amateur.

Sur le titre de cette seconde édition on voit, au-dessous des mots : DE. ARTIFICIALI. PSPECTIVA., douze carrés inscrits les uns dans les autres et présentant la perspective des sections d'une pyramide tronquée, et en bas les mots VIATOR : SECVNDO, entre une croix et un bourdon, et les deux vers :

> Pinceaux, burins, aguilles, lices ([3]),
> Pierres, bois, métaulx, artifices.

Elle est divisée en trois cahiers, sous les signatures A-C; les deux premiers de 10 feuillets, le troisième de 9 feuillets. On lit à la fin, au dernier verso : « Impressum Tulli Anno Catholice veritatis — Quīgētesimo nono ad Millesimū iiii° Idus — Marcias. Solerti

---

1. *Bibliotheca Croftsiana* by S. Paterson. London, 1783, in-8°, p. 282, n° 5579. (Mercier de Saint-Léger.)

2. Il vient des Jacobins de la rue Saint-Honoré; il porte leur timbre et la mention : Usibus FF. prædicatorum conventus Sanctæ Mariæ Annunciatæ Parisiensis, via Sancti Honorati.

3. Lisse ou lissoir, outil fait d'une pierre dure et polie, qui sert à lisser le cuir, les étoffes et le papier.

opera Petri iacobi pbr̄i Incole pagi — Sancti Nicolai », et au-dessous les mots : ✝ *Sola fides sufficit*, dans un encadrement en largeur formé de grains de patenôtres. Le papier est marqué d'un cœur surmonté d'une croix ; celui de la première édition avait comme filigrane une tête de bœuf surmontée d'une ligne droite avec deux lignes croisées en X.

Les différences avec la première édition sont nombreuses ; les planches, regravées à nouveau, sont tirées des deux côtés : elles sont accompagnées de distiques. Le texte, d'ailleurs revu et augmenté (1), n'est plus séparé en deux parties, l'une entièrement latine, l'autre entièrement française. Ici chaque alinéa latin est suivi de sa traduction. Les premières figures sont intercalées dans le texte, et c'est seulement au feuillet B. 1 recto que cesse le texte et que commence la série des planches isolées, appelées par Pèlerin les *figures exemplares*. Elles ne sont pas dans le même ordre que dans la première édition, comme le montrera la concordance donnée dans la troisième partie de cette note.

Ce fait d'une seconde édition véritable, et n'étant pas seulement un nouveau tirage, puisque les planches sont refaites à nouveau, prouve le succès du livre ; mais ce succès est encore plus attesté par une copie qui fut faite en Allemagne de cette seconde édition dans l'année même où elle avait paru. En effet on n'a pas encore signalé que l'*Art de la Perspective* publié en 1509 par George Glockendon n'est autre chose qu'une reproduction du Pèlerin avec des changements ; la planche de la promenade est en particulier toute différente, mais la présence seule de ce sujet prouve que cette reproduction n'a été faite que sur le *Viator secundo*, puisque c'est là

---

1. Il est identique à celui de la 3e édition, et Mercier de Saint-Léger, qui n'a eu sous les yeux que la 1re et la 3e, dit le texte de celle-ci revu et augmenté. — Pèlerin, au reste, le dit lui-même dans cette phrase de l'avertissement (A. 1 verso) : « Requis d'amis.... le menre des viateurs plus sérieusement et ouvertement couchier le traitié de perspective positive naguières mis sus..... a proposé resumer (reprendre, *resumere*) l'œuvre, et en latin et vulgar consécutivement parcourir la matière. »

que cette perspective de personnages a paru pour la première fois. Le volume allemand, dont M. Tross a vu un exemplaire à Vienne, dans la collection du feld zeugmeister Hauslab, se compose de 30 feuillets in-folio; après le titre, ainsi conçu : « *Von der Kunnst Perspectiva - 1509 — Jorg Glockendon* », viennent deux feuillets de texte et vingt-sept autres feuillets, contenant trente-sept planches, gravées en bois et de la grandeur des pages. Il y a, dans cette nombreuse famille des Glockendon de Nuremberg, deux artistes du nom de Georges, le père et le fils, qui peuvent tous deux être les auteurs de cette perspective. On sait les dates du fils, né en 1492 et mort en 1553; en 1509 il aurait eu seulement dix-sept ans ([1]). Comme en 1509 le père vivait certainement, soit qu'on admette la vérité de la date de 1514, assignée à sa mort par le nécrologe de Schreyer, soit qu'on lui maintienne l'estampe de l'Ascension du Christ datée de 1520 qui lui est attribuée ([2]), il serait peut-être plus naturel de lui attribuer cette copie du Pèlerin.

La troisième édition, qui est de 1521, est le dernier ouvrage sorti des presses de Pierre Jacobi; les bibliothèques du maréchal d'Estrées et de Croft en possédaient chacune un exemplaire. J'en connais un à la Bibliothèque Impériale ([3]), un à Sainte-Geneviève, à laquelle il a été donné par Mercier de Saint-Léger ([4]), et trois à la Bibliothèque de l'Arsenal. L'un d'eux, qui vient des Minimes de la place Royale, porte cette inscription autographe :

---

1. *Dictionnaire des Artistes* de Nagler, tome 5, Munich, 1837, p. 238.
2. *Idem.*
3. On lit sur le titre : « Monsieur Goury, curez de la paroisse Saint-Victor, à Orléans. »
4. Notice sur Schott, p. 86. On lit sur le titre, de la main de Mercier : Ad usum Bartholomæi Mercier canonici regal. Sanctæ Genovefæ. La reliure, du seizième siècle, offre sur ses plats trois inscriptions en grosses lettres. Celle poussée sur l'encadrement offre le nom de CHANBIGE, certainement l'un des membres de cette famille d'architectes qui ont travaillé à Troyes, à Beauvais et au Louvre, ce qui rend d'autant plus regrettable que les deux autres inscriptions soient mutilées au point d'être absolument illisibles. Voir, sur cette famille d'artistes, M. Berty, *Les grands architectes de la Renaissance*, Paris, Aubry, 1860.

« De Bibliotheca parisiensi pp. Minimorum ad plateam regiam. 1638. Dono D. Niceron », curieuse en ceci que le P. Niceron est l'auteur d'une perspective fameuse. Je dois à M. Bonsergent de savoir que celui de la Bibliothèque publique de Poitiers vient de Dom Mazet, ancien bénédictin de l'abbaye Saint-Cyprien de Poitiers, devenu conservateur de la bibliothèque de la ville, et dont les collections ont été acquises par la ville après sa mort, arrivée en 1818. M. Ambroise Didot a aussi un exemplaire de cette troisième édition.

Le titre, dont on a joint ici un fac-simile spécial, porte en tête : DE. ARTIFI^{LI}. PSPEC^{VA}.VIATOR. TER^O, et, au-dessous, entre deux bourdons, un bois nouveau de onze carrés, qui présentent la perspective des sections d'une pyramide tronquée. La moitié inférieure de la page est occupée par les dix-huit vers qui seront expliqués dans la quatrième partie de cette notice, et par l'inscription : « De Bosco Joannis, etc. », dont j'ai parlé plus haut. Les deux vers «Pinceaux, etc. », qui se trouvaient au bas du titre de la seconde édition, sont reportés au verso, en tête de l'avis au lecteur, et sont complétés par ces deux autres :

> Tous spéculateurs de la vive
> Et glorieuse perspective,

qui en forment un quatrain. Cette troisième édition a trente feuillets en trois cahiers, sous les signatures Ai-Cv. La manière dont les cinq premiers feuillets, c'est-à-dire la première moitié de chaque cahier, portent des signatures, prouverait que le livre a été tiré in-folio, par feuilles de quatre pages, destinées à être encartées pour former des cahiers et se prêter plus facilement au brochage. La souscription, accompagnée du *Sola fides sufficit* dans un encadrement en largeur, se trouve au dernier recto : « Impressum Tulli Anno Catholice veritatis — Quīgētesimo vicesimo primo ad Milesimū — VII° Idus Septembres. Solerti opera Petri iacobi pbri — Incole pagi sancti Nicolai. » Le texte, identique d'ailleurs, offre assez de légères différences typographiques pour assurer qu'il a été réimprimé, alors même que le bois de l'A initial ne serait pas différent (¹). Les planches, qui sont les mêmes que celles de la seconde édition, ne sont pas à la même place, et le papier n'offre plus de marque de fabrique.

On a vu que Pèlerin était mort en 1524; il serait donc naturel de penser que son livre ne fut pas reproduit. On se tromperait cependant, et le milieu du dix-septième siècle lui réservait cette résurrection inattendue. Mathurin Jousse, ingénieur et architecte de la ville de La Flèche, qui a laissé des travaux estimés sur la charpente et la serrurerie (²), copia d'une pointe fine les planches de la troisième édition du Viateur (³), qu'il réduisit à la grandeur d'un in-12. Son recueil, composé de cinquante-trois feuillets (⁴) comprenant LXI figures copiées en contre-partie et parfois modifiées au goût du jour (⁵), a pour titre : « La Perspective positive de Viator, traduite de latin en françois, augmentée et illustrée par maistre Estienne Martelange (⁶), De la compaignie de Jésus, Avec

---

1. Dans la première édition, c'est un A gothique de fonderie; dans les deux autres, c'est un bois. Ici les déchiquetures de ses bords le font ressembler à certaines initiales ornées des manuscrits carlovingiens, comme Pèlerin en a pu voir dans ceux de la cathédrale de Metz. Dans la troisième édition, c'est un A gothique formé par les entrelacements d'un ruban plat, uni d'un côté et de l'autre semé de points ronds.

2. Voir l'article de M. Weiss dans la *Biographie Michaud*.

3. La planche du vaisseau qui termine la 3ᵉ édition n'est pas reproduite par Jousse, mais toutes les autres planches sont dans le même ordre. Je n'ai pas besoin de dire qu'il a supprimé les inscriptions.

4. L'exemplaire de l'Arsenal contient à la fin cinq autres pièces de Jousse, les quatre premières copiées, comme le titre, des élégants tabernacles de Ducerceau, et la cinquième des ruines du maître J. G. Je ne sais si elles se trouvent à tous les exemplaires.

5. Ainsi entre autres l'arc de triomphe, le cadre de la vue de la Sainte-Baume, et la planche des personnages, qui sont tout différents et fort mauvais.

6. Le père Martel-Ange a bâti, en 1630, l'église du noviciat des Jésuites, rue du Pot-de-Fer, à Paris. Il était l'ami de Salomon de Brosses. (Piganiol, VII, 296

Les Figures Gravées A La Flèche Par Mathurin Jousse, 1626. » Comme on le voit, ce titre promet un texte, qui ne fut sans doute pas imprimé alors, car celui qu'on rencontre joint aux planches est postérieur de neuf ans, et il n'est plus question du Père Martel-Ange. Voici la transcription du titre : « La Perspective pratique de Viator, latine et françoise, Reveue, augmentée et réduite de grand en petit, par Mathurin Jousse de La Flèche. *A La Flèche, chez Georges Griveau*, imprimeur ordinaire du Roy et du Collége Royal, M. DC. XXXV. Avec privilége du Roy. » Comme ce dernier est du 30 mars et l'*achevé d'imprimer* du 16 juillet 1635, il est bien probable qu'il n'y a pas eu d'impression antérieure. Cet in-octavo de vingt-huit pages est, au reste, la reproduction complète du texte latin, avec une nouvelle traduction : « Deux choses, dit Jousse, m'ont principalement émeu à donner ce livre au jour, dont la principale est la solidité de sa doctrine.... La seconde raison est son antiquité, car il y a six à sept vingt ans qu'il a esté premièrement imprimé à Toul en Lorraine, et quelques-uns tiennent que l'auteur estoit ecclésiastique, voire evesque, homme docte et vertueux, tesmoin la préface et conclusion, et s'appeloit Viator ou Pèlerin, duquel j'ay voulu donner les propres mots latins sans rien ajouter, et le françois, qui estoit rude à nos termes ordinaires d'à présent, je l'ay restitué, rendant le sens plus tost que de m'astreindre aux paroles. »

Enfin, je terminerai ce qui a rapport aux éditions en faisant remarquer la bizarrerie de la forme employée par Pèlerin pour désigner le numéro de ses éditions par les seuls mots : *secundo, tertio*, pour la seconde, pour la troisième fois. Au point de vue latin il y aurait à dire, et *secundum, tertium*, seraient meilleurs (¹). Pourtant,

---

IV, 131 ; V, 3.) Il était de Lyon, où il a construit l'église du collége de la Trinité. (*Dict. des Artistes*, de l'abbé de Fontenai, II, 93.)

1. La terminaison en *um* se prenait dans le sens de la succession numérique, et celle en *o* dans le sens du rang ; ainsi *consul secundum* voudrait dire consul pour la seconde fois, et *consul secundo*, le second des deux consuls.

lorsque Pompée faisait graver l'inscription du théâtre de la Victoire, il fut embarrassé de savoir s'il fallait mettre *Consul tertium* ou *tertio* ; les avis furent si partagés que Cicéron, chargé de décider, s'en tira par un tour d'adresse, et fit mettre *tert.* en abréviation (1). Pèlerin a été plus hardi, et, puisque l'orateur romain hésitait, il y aurait injustice à condamner le chanoine.

1. Auli Gellii Noctium Atticarum libro X, cap. 1.

III

LES PLANCHES

DE LA

PERSPECTIVE ARTIFICIELLE.

———

La première chose qui frappe dans les planches de la Perspective artificielle, c'est la nature sommaire de leur dessin. Pèlerin (A. 9 verso) en donne lui-même les raisons, qui viennent à la fois de lui et de ses graveurs. Les édifices, dit-il, n'ont pas leurs détails, car un petit espace ne peut contenir ce que comporterait un grand ; l'on n'a d'ailleurs voulu se préoccuper que des traits principaux, et l'œuvre n'est pas « de main de paintre », mais seulement d'un homme qui aime les peintres et artisans. Au surplus, c'est à ceux qui se serviront du livre à parfaire « le tout au pinceau doulx et gracieux » pour suppléer aux omissions de l'auteur, qui a passé la soixantaine, et à celles des « sculpteurs non encore tritz ou frotez, » c'est-à-dire des graveurs en bois encore peu habiles.

Ceci remarqué, il faut aller plus loin, et demander quelle est la valeur scientifique du livre et de ses exemples. Si, d'un côté, il n'y a nulle part trace de rien qui se rapporte à la mesure des hauteurs, il faut, de l'autre, convenir que l'usage du triangle comme base et l'emploi des points de distance et du point de concours sont restés jusqu'à notre temps les seules méthodes employées. Mais, en somme, c'est un livre plus empirique que scientifique, et dont la pratique est bien au-dessus du raisonnement. Les exemples sont incomplets au point de vue de l'utilité, parce qu'ils ne sont pas accompagnés par la démonstration de la manière qui permet d'arriver à les construire. Aussi ce manque de méthode fait-il que les perspectives de Pèlerin sont de valeur très inégale, et dans celles qui sont droites, ce qui est le plus grand nombre, et surtout dans celles qui sont obliques. De celles-là, la meilleure est certainement celle de la planche C. 4 verso, prise à un bon point, suffisamment éloigné, contrairement à la plupart des autres, prises de trop près. C'est, au reste, un défaut naturel à la science ancienne, qui avait besoin de bâtir ses traits sur des points de distance réellement et matériellement établis, et qui, lorsqu'elle ne pouvait en mesurer, allait un peu au hasard. Aujourd'hui, au contraire, depuis le livre de M. Adhémar, il est possible de tracer scientifiquement et sûrement toutes les perspectives possibles, sans avoir besoin d'un point quelconque en dehors de la planchette. Mais notre chanoine n'en était pas là; à son époque, le sentiment faisait encore la meilleure part de la science.

Dans tous les cas, son livre est curieux, au double point de vue de l'histoire et de l'art. C'est ce qui nous a engagé à donner de ses planches la description qui va suivre, et la manière dont on se trouve en même temps les avoir sous les yeux a été pour nous une raison de donner à cette description plus d'importance; son insistance spéciale les empêchera d'être seulement feuilletées, et peut servir à les faire comprendre plus complétement. Elle se rapporte, bien entendu, à l'édition reproduite, c'est-à-dire à la seconde; mais j'ai indiqué entre parenthèses les concordances de toutes les planches, et les indications de M. Beaupré me permettent de signaler les différences principales qui existent entre les anciens et les nouveaux bois.

A. 6 recto (1re éd., A. 7; 3e éd., A. 6 recto). Une campagne avec des arbres fruitiers. Au fond, des collines.

A. 6 verso (1ʳᵉ éd.; B. 6; 3ᵉ éd., A. 6 verso). L'intérieur d'une chambre carrée. On voit à droite des religieuses debout, les mains dans leurs manches; devant elles deux petites filles, aussi vêtues en religieuses.

A. 7 recto (1ʳᵉ éd., A. 8; 3ᵉ éd., A. 7 recto). L'intérieur d'une chambre carrée. A droite, des hommes debout et causant. Ils sont vêtus de longues robes serrées à la taille par une ceinture. Les uns ont des calottes, et les autres des toques à plumes. Dans la première édition, c'est plutôt une galerie éclairée sur la campagne par quatre ouvertures, séparées par des piliers carrés; pas de toques à plumes.

A. 7 verso (3ᵉ éd., A. 7 verso). Bases de colonnes en perspective.

A. 8 recto (3ᵉ éd., A. 8 recto). En bas, une maison composée de deux corps de bâtiments formant angle; dans celui-ci une tour ronde contenant l'escalier.

A. 8 verso (3ᵉ éd., A. 8 verso). Une tour, carrée et crénelée, prise par l'angle. Au milieu, une petite église avec transsept. En bas, un piédestal carré long, qui offre au milieu de chacune de ses quatre faces un éperon triangulaire, sur lequel passent les moulures; le tout est posé sur un emmarchement peu élevé : c'est certainement un socle de tombeau, moins les figures qui y devaient être couchées, et le parti de cette forme générale qui est peu usitée ne manque pas de grâce.

A. 9 recto (1ʳᵉ éd. *abest;* 3ᵉ éd., A. 9 recto). Un perron de six marches à trois côtés. Par le bas de la porte qui les surmonte on aperçoit l'intérieur du bâtiment, qui est simple en profondeur, puisqu'au fond de la salle on distingue une fenêtre, séparée en deux par une colonnette et donnant vue sur un horizon de collines.

A. 10 recto (1re éd. *abest;* 3e éd., A. 10 recto). Cette figure est intéressante; elle représente ce que l'on appelle encore la planchette. La feuille de papier (elle présente l'intérieur d'une chambre, avec une fenêtre séparée en deux par une colonnette) est fixée par quatre morceaux de cire tenace sur la planche dressée; on la fixe aujourd'hui avec des *punaises*, qui ont une pointe d'acier sous une large tête de cuivre. La règle, qui se termine en T d'un côté pour que cette partie, plus épaisse, s'arrête sur le bord de la planche et permette de faire des lignes parfaitement droites, est posée sur le dessin. Au-dessous on voit une longue règle plate. L'échancrure qui se trouve à chacune de ses extrémités sert à la faire mouvoir et à tracer des rayons autour d'un point central qui se pourrait établir au moyen d'une épingle. Quant aux deux compas, celui de gauche n'a de remarquable que l'ouverture circulaire qu'il offre à l'intérieur de ses branches, et qui permettait d'y mettre le doigt pour l'ouvrir. On obtient maintenant le même effet en évidant une entaille ovale dont chaque branche a une moitié. L'autre compas est plus curieux, en ce qu'il nous montre comment on suppléait au tire-lignes, qui n'était pas encore inventé. L'une des branches est terminée en spatule; l'on y mettait une goutte d'encre assez épaisse pour ne couler que lentement, et tracer le cercle sur le papier.

B. 1 recto (3e éd., B. 1 recto). Six modèles de carrelages en perspective :

Ainsi puet on et autrement
Diversifier pavement.

Dans la première édition, ces carrelages (A. 6 et A. 7) ne sont pas tous les mêmes.

B. 1 verso (1re éd., B. 2; 3e éd., B. 1 verso). Une haute croix de pierre, élevée dans la campagne sur un emmarchement de cinq degrés. A côté, deux arbres. Au-dessous, le plan par terre des degrés et du piédestal.

> *Signe reboutant l'ennemi,*
> *Garde du corps, de l'ame ami.*

Dans la première édition., le feuillé des arbres est légèrement indiqué.

B. 2 recto (1re éd., C. 1; 3e éd., B. 2 recto). Maison des champs, moitié ferme et moitié castel. Par le plan, on voit qu'elle se compose de trois cours, de trois bâtiments angulaires carrés, dans l'un desquels est l'entrée, et, au centre, d'une construction carrée et plus élevée, qui forme donjon et à laquelle se relient les deux corps de logis les plus importants. Les façades extérieures sont percées de peu de fenêtres, et, lorsque c'est un simple mur, il est crénelé :

> *C'est aux champs une maison plate,*
> *Où il ne fault* (ne manque) *ne clou ne late.*

Par maison plate Pèlerin entend une maison simple, non décorée.

B. 2 verso (1re éd., C. 2 ; 3e éd., B. 2 verso). La cour d'une riche habitation. Le devant est fermé d'arcades à jour et supportant une terrasse, dont Pèlerin a supprimé le milieu pour ne pas cacher les bâtiments. Les ailes n'ont que deux fenêtres ; au fond, le centre du bâtiment est occupé, en bas par une voûte servant de passage, et au-dessus par une grande fenêtre à meneaux qui indique la chapelle. Cette fenêtre est surmontée d'un pignon plat, découpé sur les côtés en escaliers, et surmonté d'une croix. La tour d'angle, où est l'escalier à vis, et deux tours carrées, qui relient le corps de logis aux ailes, ont leurs toits posés au-dessus de leurs créneaux :

> *Telle maison que la présente*
> *Et quatre cents livres de rente.*

Aujourd'hui, il faudrait quatre-vingt mille livres de rentes pour essayer de tenir une pareille maison.

B. 3 recto (1re éd., B. 5 ; 3e éd., B. 3 verso).

> *Si voit-on la propre figure*
> *D'une chambre et sa garniture.*

Intérieur d'une chambre à coucher bourgeoise. A gauche, la haute cheminée à manteau ; le banc à dossier, qui accompagne la table, est mis devant la cheminée, comme pour accomplir le précepte : *Le dos au feu, le ventre à table.* La grande chaière est placée près du lit qui occupe le coin ; il est élevé sur une marche, et accompagné de son ciel et de ses rideaux repliés en forme de poire comme dans les tableaux du temps. Au pied du lit est le bahut, et à sa droite la porte par laquelle on voit le mur d'une autre pièce garni d'un banc. Dans la chambre à coucher on voit, à droite, sous la fenêtre, un meuble à battants formant armoire ; il est à jour par le bas, et il est couvert d'un tapis. Un autre lit se voit en avant ; il est aussi élevé sur une marche, et je remarquerai que cette marche était quelquefois un second lit, en forme de tiroir et s'ouvrant par une charnière à l'un des angles, ainsi qu'on peut le voir dans les fac-simile de miniatures qui accompagnent le livre du chevaleureux comte d'Artois ([1]). C'était le page, la servante ou l'enfant, qui couchait là. Les poutres paraissent au plafond, et il ne

---

1. Publié par M. Barrois, 1837, in-4º. Les planches sont gravées par M. Onghena, un artiste belge, dont la pointe a, mieux qu'aucune autre, le sentiment du dessin des miniatures.

manque au dessin de cette chambre que le crayon de M. Viollet-Leduc pour réapparaître à nos yeux avec la pleine vie de tous ses détails.

B. 3 verso (1re éd., B. 4 ; 3e éd., B. 3 recto). Côté intérieur d'une salle avec quatre fenêtres donnant sur la campagne. Le plafond a aussi ses poutres, et c'est à cela que se rapportent les vers :

> Les sommiers, gouz, traverse, et tout
> Se rapporte de bout en bout.

Par *gouz* Pèlerin doit entendre le *gousset* ou *esselier* qui figure dans les fermes de comble ; mais il a pu le prendre ici pour la console des sommiers.

B. 4 recto (1re éd. *abest* ; 3e éd., B. 4 recto). Galerie basse avec terrasse, posée au fond d'une cour devant un corps de logis à deux étages. Cette galerie a six colonnes portées sur un soubassement à jour, interrompu dans l'entrecolonnement du milieu pour former entrée ; le centre est surmonté d'un pignon, et la décoration qui l'accompagne, à droite et à gauche, est un chaîneau décoré, et non une balustrade ; il n'y a dans le mur du second étage que deux fenêtres et pas de porte, c'est-à-dire qu'il n'y a pas de moyen de venir sur le dessus de la galerie, qui est d'ailleurs couvert d'un petit toit en pente. Quant au soubassement des colonnes, la hauteur des fenêtres et des portes de la galerie montre qu'il forme balustrade à hauteur d'appui. La découpure du dessin à jour est bizarre, et je croirais ce petit édifice de fantaisie :

> Aussi cler appert que lumière
> La practique de la matière.

B. 4 verso (1re éd., ~~G. 7~~ ; 3e éd., B. 6 recto). Fin d'une salle servant de promenoir. Elle est divisée en deux nefs, dont chacune est terminée au fond par deux fenêtres séparées par une colonnette. Sur le côté, les fenêtres forment une véritable claire-voie, n'étant séparées que par des colonnettes. Toutes sont en anse de panier. Comme les lignes du plan par terre se continuent, et comme surtout la voûte est un double plafond de bois en berceau avec fermes et entraits, il est évident que c'est la fin d'une salle longue, et non pas une salle carrée, supportée par un seul pilier central, comme une salle capitulaire ; dans ce cas, elle serait voûtée en arêtes. La manière dont on voit l'horizon montre que la salle n'est pas au rez-de-chaussée. Le tour est garni, au-dessus d'une marche courante, d'un banc également courant :

Excercice rend et étude
Facilité et habitude.

Dans la première édition, le bois, qui offre de notables différences, est plus petit.

B. 5 recto (1re éd., D. 4 ; 3e éd., B. 7 recto). Coin d'une salle de justice. On y voit un tribunal s'avançant en pointe ; sur les côtés, des rangs d'hommes assis, et au fond celui qui préside, assis sous un dais. A droite et à gauche de la cloison, à hauteur de l'appui qui sépare le tribunal de la pièce où il se trouve, deux tambours appuyés contre les murs et devant servir d'entrée. Grande voûte planchéiée en berceau, avec fermes et entraits. Les deux vers :

Faite fut sur la souvenance
Du souverain siége de France,

montrent qu'il s'agit ici de cette Grande chambre du Parlement dont d'Aubigné a écrit en tête d'une de ses satires le nom populaire, celui de Chambre dorée. Elle venait alors d'être décorée à nouveau par Louis XII, et elle resta la même jusqu'en 1722, époque à laquelle on fit un remaniement dans lequel cependant la voûte fut respectée (Piganiol, II, 9). C'est là que se sont tenus tous les lits de justice. En sens inverse dans la première édition.

B. 5 verso (1re éd., D. 5 ; 3e éd., B. 6 verso). L'inscription :

> *Pensant aux salles du Palais,*
> *Où sont les images des roys* (1),

nous montre que nous sommes encore à Paris, et que nous avons là devant les yeux un souvenir de la grande salle du Palais de Justice de Paris, brûlée en 1621, avec une double voûte en bois, les statues des rois, de hautes fenêtres et un banc dans le fond. C'est une représentation très rare, et je n'en connais que deux ; mais il n'y a pas lieu d'insister sur celle-ci, parce que la seconde est merveilleuse de tous points. On voit que je veux parler de la grande eau-forte inachevée de Du Cerceau ; elle est rarissime, mais M. Méryon en a fait de nos jours un tel fac-simile qu'il dispense de l'original.

B. 6 recto (1re éd., C. 4; 3e éd., B. 4 verso). Pont d'une seule arche en tiers-point ; il est très élevé, et réunit deux montagnes ; sa double pente, sur laquelle on ne voit que des cavaliers et des piétons, est très rapide. A travers l'ouverture de cette arche unique on aperçoit plus loin les ruines d'un pont moins élevé dont les trois arches centrales sont tombées ; par le plan, on voit qu'il en reste deux de chaque côté :

> *Jadis parpassay en errant*
> *Du Puy ce pout* (sic pour pont) *à Montferrant.*

Comme Clermont (Puy-de-Dôme) est au-dessus du Puy (Haute-

---

1. Nous disons *reine* comme autrefois, et nous ne disons plus *rei*, ce qui serait beaucoup plus juste ; mais il n'y a pas de droit contre la force, qui est l'usage en fait de langue.

Loire), d'un côté, c'est en revenant de Provence ou du Dauphiné que Pèlerin a fait cette route, et, de l'autre, comme on rencontre l'Allier entre les deux villes, c'est du fameux pont de Brioude qu'il est ici question. J'ai remarqué la variante :

Trente ans a passay en errant.

— B. 6 verso (1re éd., C. 5 ; 3e éd., B. 5 recto). Un pont de quatre arches, très surélevées et en plein cintre. Le pont de Neuilly n'est pas plus plat, ce qui manque essentiellement de vraisemblance. Au milieu, une croix ; les deux côtés sont défendus par un châtelet composé d'un corps de bâtiment entre deux tours, carrées et crénelées, qui débordent le pont :

*Telle forme ont, ainsi qu'on dit,
Les arches du pont Saint-Esprit.*

Je le veux bien ; mais il faut que le pont, dont ceci ne serait qu'une portion, puisqu'il avait vingt-deux arches (1), dont sept pour les pentes de ses montées (2), ait bien changé depuis lors.

— B. 7 recto (1re éd., C. 6 ; 3e éd., B. 5 verso). Troisième pont de cinq arches sur une rivière encaissée de quais. Son entrée et sa sortie sont défendues par une porte fortifiée, dont le second étage offre un toit entre deux tours carrées et crénelées. Il est chargé, sur une de ses moitiés, d'une série de douze maisons à toits pointus. Celle du milieu, dont le pignon est plus élevé, offre une porte, et au-dessus une grande fenêtre à meneaux, surmontée d'une cloche dans une fenêtre. Le plan est, comme on voit, différent de celui généralement adopté pour le pont chargé de maisons. Au Rialto, il y a deux rangées de maisons et trois

---

1. *Jodocus Sincerus*, traduit par Thalès Bernard, Lyon, 1859, p. 243.
2. Expilly, *Dictionnaire de la France*, tome V, 1768, p. 768. Il lui donne en tout 26 arches.

voies de piétons, une centrale et deux le long des parapets ; plus généralement les deux rangées de maisons donnaient d'un côté sur la rivière et de l'autre sur la rue centrale. Ici, le pont est également partagé entre les maisons et la rue, ce qui mettrait toute la charge sur la totalité d'une seule des moitiés, et constituerait, malgré la légende :

> *Les arches et tours et maisons,*
> *Ont considérables raisons,*

un vice de construction tel, qu'il faut croire cette planche plutôt inventée que copiée d'après nature.

B. 7 verso (3ᵉ éd., C. 3 recto). Coin intérieur de la salle d'entrée d'un édifice. Elle est carrée et décorée de pilastres. On y remarque un certain nombre de figures. Par les deux portes on aperçoit les maisons qui bordent l'autre côté de deux rues :

> *Lignes, points, nombres et figures*
> *Proportions fault et mesures.*

B. 8 recto (1ʳᵉ éd., C. 8 ; 3ᵉ éd., C. 2 recto). Portion de la façade du rez-de-chaussée d'une maison particulière ou d'un édifice civil. Un perron, ayant de chaque côté trois marches latérales, mène à une galerie dont les colonnes sont posées sur un soubassement placé à hauteur d'appui. Les poutres et les solives du plafond de cette galerie sont apparentes. Cette galerie est d'ailleurs profonde, puisque les murs de ses côtés sont décorés de trois cadres de pierre pleine qui ont la grandeur d'une fenêtre. Au fond, on voit la porte accompagnée de quatre cadres semblables, dont elle occupe le milieu. Cet édifice, dont on voit naître l'étage supérieur, forme le côté droit d'une cour, puisqu'on voit à droite le mur crénelé qui la sépare d'une place publique et dans lequel s'ouvre une porte cintrée :

> *Les degrés et la galerie,*
> *Et tout fut fait par industrie.*

B. 8 verso (1re éd. B. 8 ; 3e éd., C. 2 verso). Façade d'un édifice composé d'un rez-de-chaussée ; on y monte par un degré de quatre marches à trois montées. Trois ouvertures cintrées, dont la médiane forme l'entrée, éclairent une première salle ouverte, et décorée, comme à la planche précédente, de carrés de pierre en hauteur. Par la porte de la seconde salle on aperçoit une suite de petites fenêtres cintrées qui donnent sur la campagne. Les vers :

> *Resjoïr fault les chappemens*
> *De propres varifiemens,*

indiquent que là, comme ailleurs, Pèlerin ne prétend donner que les murs et le gros œuvre, sans la décoration qui le doit égayer. Quant au plan, il montre que les deux salles sont de la même grandeur.

B. 9 recto (1re éd., *abest* ; 3e éd., C. 4 recto). Arc de triomphe à trois portes. La partie inférieure est décorée, sur les coins, de grosses colonnes rondes, et, entre les arcades, de plus petites qui supportent une frise ; celle-ci est ornée de quatre énormes têtes de bœuf reliées par des guirlandes, et passe derrière les chapiteaux des deux grosses colonnes. A l'étage supérieur, deux autres colonnes, posées au-dessus des précédentes, supportent un entablement fortement mouluré ; elles accompagnent un grand cadre nu et destiné à recevoir un grand bas-relief en largeur, comme l'indique l'inscription :

> *Sur ceste forme quelque histoire*
> *Se pourroit asseoir pour mémoire.*

B. 9 verso (1ʳᵉ éd., *abest;* 3ᵉ éd., C. 5 recto). Façade d'un édifice civil, élevé au-dessus d'un degré de cinq marches à trois montées ; le porche auquel il conduit est composé de deux arcades, terminées au fond par une porte et communiquant entre elles par un passage ouvert dans le mur qui les sépare. De chaque côté une chambre, ouvrant sur le porche par une porte et sur l'extérieur par une fenêtre cintrée. Ce premier étage est surmonté par une élégante galerie de colonnettes formant dix-sept arcades. L'étage supérieur, plus étroit, offre deux roses couronnées d'une frise, avec quatre têtes de lion et des guirlandes. La grandeur de la planche a empêché de mettre un plan :

Toute bien faite pourtraiture
Létifie humaine nature.

B. 10 recto (1ʳᵉ éd., *abest;* 3ᵉ éd., C. 4 verso). Autre façade d'édifice civil, auquel on accède par un perron de sept marches à trois montées. Le rez-de-chaussée est composé de trois arcades en berceau. Les deux latérales sont fermées en avant par une balustrade en fer, comme on en voit dans les terrasses d'Androuet Du Cerceau, et communiquent avec l'arcade du milieu par une ouverture cintrée, large et basse. La porte de la salle du fond est carrée, et son linteau droit est supporté par deux corbeaux ; on voit au-dessus les armes de France. Le second étage, assez bas, est divisé en trois parties par des pieds-droits soutenant un entablement, et chacune contient trois fenêtres accouplées par des colonnettes. Le plan ne reproduit que les degrés du perron :

Chacune table tient par elle

(c'est-à-dire Chacune de ces planches, chacun de ces bois contient)

Chose différente et nouvelle.

B. 10 verso (1ʳᵉ éd., *abest;* 3ᵉ éd., C. 5 verso). Porche de l'étage inférieur d'un édifice civil, auquel on monte par six marches bordées d'un mur, dont la pente est décorée d'une sorte de console renversée. Ce porche est accosté de grosses colonnes dont on ne voit pas le chapiteau. Sa voûte en berceau est décorée de caissons, divisés en quatre triangles par deux lignes diagonales. Au fond, une porte géminée, à linteaux droits. Dans le tympan qui la surmonte, l'écu de France couronné et accompagné du cordon de veuve, que Pèlerin a vu souvent employé dans les constructions d'Anne de Bretagne :

> *Diversité de choses sert*
> *A se faire trit* (habile, de *tritus*) *et expert.*

C. 1 recto (ne figure pas dans la 1re édition; 3e éd., C. 3 verso). Autre porche de l'étage inférieur d'un édifice civil. La tête de ses murs est décorée de six colonnes rondes; celles de la face intérieure et celles sans doute de la face latérale extérieure en portent deux autres au premier étage, tandis que celles de la face latérale intérieure supportent le cintre de l'arcade. Le berceau de la voûte est nu. Au fond du porche, une porte géminée et cintrée; dans le tympan, sur un cartouche, l'inscription : T. IV. II. P. M. Son ensemble n'a peut-être pas de sens, mais il paraît difficile de ne pas voir, dans les six dernières lettres : *Julius secundus pontifex maximus,* ce qui prouverait que la composition du livre est bien voisine de 1505, puisque Jules II n'était pape que depuis deux ans. Dans la légende :

> *Les colunnes et antiquailles*
> *Sont magnifiques en murailles,*

il est à peine utile de remarquer qu'*antiquailles* veut dire ce qui est fait à l'imitation de l'antique; tout le 16e siècle a employé ce mot dans le sens de restes antiques, ainsi Rabelais, quand il compare la braguette de Gargantua « à une belle corne d'abondance, telle que voyez ès antiquailles » (éd. Jannet, p. 11). Le mot, qui était respectueux, est devenu méprisant, obéissant à cette loi de la vie qui ne permet à rien de rester en place, d'où il suit que ce qui ne s'améliore pas se détruit.

C. 1 verso (1ʳᵉ éd., *abest;* 3ᵉ éd., C. 6 recto). Intérieur d'une salle élevée, à plafond plat et à poutres apparentes dont les rencontres sont supportées par des colonnes sans piédestaux. L'effet est solide et presque égyptien, ce à quoi Pèlerin ne pensait guère ; et ce qui donne cet aspect, c'est la nature volontairement sommaire de son dessin, qu'il rappelle ici dans les vers :

Former dessus traiz principaux
Puet on basses et chapiteaux,

c'est-à-dire : Je vous ai donné les lignes principales ; c'est à vous de les compléter et d'ajouter à votre guise le détail des chapiteaux et des bases.

C. 2 recto (1ʳᵉ éd., D. 8; 3ᵉ ed., B. 7 verso) :

Recors des voltes et devis
De Nre Dame de Paris.

Coupe sur la largeur de Notre-Dame. La présence des doubles bas-côtés de la nef, la largeur et l'importance si particulière du triforium auraient pu la faire reconnaître. Pèlerin n'a indiqué que la naissance des contre-forts, et a laissé hors de sa planche le troisième bas-côté ajouté pour les chapelles. Au fond le jubé. Les voûtes sont ici un plein-cintre surélevé, et, dans la réalité, l'arc, bien qu'en tiers-point, est beaucoup moins aigu que la mémoire ne se le rappelle. Je remarquerai, une fois pour toutes, que, dans le plan à terre de la construction perspective de Notre-Dame et dans les autres plans d'églises qui vont suivre, Pèlerin a négligé de suivre la forme réelle des apsides, et les a toujours terminées en carré.

C. 2 verso (1ʳᵉ éd., D. 7; 3ᵉ éd., B. 9 recto). Boiserie d'un chœur carré à deux rangs de stalles. Au centre un autel, en forme de table, porté sur cinq colonnes; derrière, l'aigle d'un lutrin, et au fond une arcade en anse de panier, qui doit être le haut d'une porte plutôt que le dossier du siége d'honneur. Quelques méchants dessins coloriés de la fin du 17e siècle et conservés dans la Topographie de la France au Cabinet des Estampes donnent au chœur de Saint-Maurice d'Angers « comme il étoit auparavant » une disposition analogue, et ce peut être lui que notre chanoine a eu en vue :

Par art fait on habilement
Ce qu'est difficile autrement.

L'aigle du lutrin manque dans le premier bois.

C. 3 recto (1re éd., *abest;* 3e éd., B. 8 verso). Coupe d'une église ou plutôt d'une chapelle à une seule nef, sans bas-côtés ni transept. La fenêtre à meneaux du fond montre que cette fois le mur de l'abside est droit. L'autel, entouré de deux colonnes à rideaux et protégé par un dais pendu à la voûte, est décoré de deux chandeliers et d'une statue de la Vierge.

Par tout y a collation
D'argute spéculation.

Dans la première édition, il y a des bas-côtés, quatre colonnes et pas de chandeliers.

C. 3 verso (1re éd., *abest;* 3e éd., B. 8 recto). Coupe en largeur d'une petite église prise au milieu du transept. Le jubé, surmonté d'un Christ en croix, a une porte centrale entre deux fenêtres également cintrées. Des rideaux ou des tapisseries, suspendus à des tringles au-dessous des fenêtres supérieures, ferment l'entrée du bas-côté et les entre-colonnements du chœur. L'autel, cantonné de quatre colonnes, est surmonté d'un tryptique :

> *Les unes aux autres souvent*
> *Ont regart, indice et convent;*

ce qui veut dire, je crois, que les planches contiennent des leçons et des exemples différents et se complètent les unes par les autres.

C. 4 recto (1re éd., E. 1 ; 3e éd., B. 9 verso). Façade d'une grande église, avec porche, rose et galerie ; l'on aperçoit, entre les flèches qui couronnent les tours du portail, une tour centrale, élevée sur la croisée de l'église :

> *Sur la mémoire de l'église*
> *D'Angers cette forme fut prise;*

et en effet, il y a entre ce dessin et l'église de Saint-Serge d'Angers une certaine analogie.

C. 4 verso (1re éd. E. 2 ; 3e éd., B. 10 recto). Vue perspective du portail de la face septentrionale d'une grande église. Les deux portails ont des porches, et la façade principale, décorée d'une rose et d'un pignon, est surmontée de deux tours, dont les angles paraissent décorés de crochets sculptés dont le dessinateur a fort exagéré l'importance. Les fenêtres étroites et les contre-forts très simples montrent qu'on a affaire à une construction ancienne. Il y a une flèche centrale, et chaque transept est accompagné du côté de l'apside par une tour carrée. Il ne faut pas douter que Pèlerin n'ait eu ici en vue un édifice réel, ancien et important ; mais les vers :

> *La plate forme* (¹) *lie, assemble,*
> *Joint et met tout l'ouvrage ensemble,*

---

1. C'est-à-dire le plan par terre.

ne nous apprennent rien du tout. En sens inverse dans la première édition.

C. 5 recto (1re éd. *abest;* 3e éd., B. 10 verso). Vue perspective de la façade méridionale d'une église élégante. Le porche, surmonté d'une rose, abrite un palier de treize marches, qui conduisent à la porte du premier étage. On entre sur le côté dans la partie inférieure. La flèche centrale et les contre-forts, peu saillants et surmontés de pinacles sculptés, sont décorés assez richement. Tous ces détails me feraient voir dans cette planche un souvenir de la Sainte-Chapelle de Paris, et, dans ces dessins si peu exacts, la différence du porche et la largeur un peu plus grande de la chapelle basse ne m'empêcheraient pas de le croire. Dans tous les cas, les deux églises superposées montrent que c'est une Sainte-Chapelle :

Qui usent d'art et useront
Ouvriers nommez sont et seront.

C. 5 verso (1re éd. *abest;* 3e éd. C. 1 recto). Vue du côté méridional et vue intérieure d'une église sans transept apparent et surmontée d'une flèche. Elle a un seul bas-côté sans chapelles et une petite galerie au-dessous des fenêtres de la nef. Comme, pour laisser voir l'intérieur, la façade est supprimée, Pèlerin a écrit :

Faire puet-on tours et portaux
Telz qu'il plaira riches et beaux.

C. 6 recto (1re éd. *abest;* 3e éd. C. 1 verso). Intérieur d'un cloître carré, à cinq arcades de côté séparées par une seule grosse colonne. La galerie du cloître est couverte d'un toit à une seule pente, surmonté, dans sa moitié droite, d'un bâtiment à hautes fenêtres cintrées, et, dans la gauche, d'une construction plus basse à fenêtres carrées. Le premier doit être le réfectoire ou la bibliothèque, et le second, les cellules :

> *A choses faites adjoster*
> *Puet on et changer et oster.*

On le pourrait ici, car le tout ressemble un peu trop à une décoration du Théâtre Italien.

* C. 6 verso (1re éd. E. 4 ; 3e éd. C. 8 recto). La cour d'une maison. A droite le coin de la maison, et au fond, le mur avec la porte charretière surmontée d'un auvent; elle est accompagnée d'une plus petite porte, qui paraît condamnée et changée en une fenêtre grillée permettant de voir au dehors. Mais l'intérêt de la planche n'est pas là. Il est dans la serre à demeure composée de quatre montants de bois, rejoints dans leur partie supérieure par un cadre en vitrage et recouverts par un double toit vitré. Sous cette cage on voit un gros arbre dont le pied est défendu par un carré construit en pierre. Il est facile de voir qu'il s'agit ici d'un arbre précieux et sensible au froid. L'air, en été, entre par les parties vides du bas, qui en hiver devaient être fermées par des paillassons, et l'échelle à demeure permet de soigner l'arbre facilement et d'en recueillir les fruits et les feuilles ; mais nous ne saurions pas de quel arbre il s'agit si Pèlerin ne l'avait indiqué dans sa légende, qui cette fois dit quelque chose :

> *En la courcelle de l'ouvrier*
> *De ce livre a ung tel mourier.*

Ainsi, près d'un siècle avant Olivier de Serres, l'introducteur du mûrier dans le nord de la France, Pèlerin avait dans sa cour un mûrier magnifique, qui devait être pour lui un grand sujet de souci et d'orgueil, et les précautions dont on l'entourait feraient croire qu'il était dans sa maison de Toul plutôt qu'en Poitou. Dans tous les cas, le fait est curieux et devra être relevé dans les livres d'histoire naturelle.

C. 7 recto (1re éd., E. 5; 3e éd., C. 7 verso). Cette planche se rapporte encore à la maison de Pèlerin, dont on voit au fond la porte et deux fenêtres avec des vignes sur des treillages. En avant on voit une charrette garnie de sa banne, et dont les brancards ne sont pas posés à terre, mais sont appuyés sur un gros billot de pierre. En bas de la planche on voit les détails de la charrette, c'est-à-dire le train sans les roues, la caisse, et le tablier pour la fermer, avec les mots CARRETA PELEGRINA, qui se doivent traduire à la fois : la charrette de voyage et la charrette de Pèlerin. C'était son honnête chaise de poste, et, comme elle était peu suspendue, il a dû avoir plus d'une occasion de pratiquer le conseil de sa légende, de rouler sur les chemins unis et d'aller au pas dans les mauvais :

En plain chemin legierement,
En rude allez tout bellement.

C. 7 verso (1re éd., E. 6; 3e éd., C. 7 recto). Une cave, éclairée par deux soupiraux et pleine de tonneaux posés sur des chantiers. La légende :

L'ombre fainte sur les quarreaux
Juge le recours des tonneaux,

veut dire : l'ombre indiquée sur le sol par des carrés fait juger de la perspective et du raccourci des tonneaux. Un chanoine, et surtout un chanoine de Toul, au centre d'un grand vignoble, n'avait garde d'oublier la cave et l'arrangement des futailles. De plus, il faut remarquer, dans les grands tonneaux du fond, la présence de ce qui s'appelle en Normandie la clinche. C'est une planche qui, lorsque le tonneau est vidé, s'enlève, et permet de le laver, de le faire sécher, et de le brosser dans tous les sens. Elle est assez grande pour qu'on puisse par l'ouverture faire descendre un enfant dans le tonneau. La clinche s'emploie surtout pour les tonneaux de cidre; à Toul elle devait servir pour le vin.

C. 8 recto (3ᵉ éd., C. 6 verso). La légende de cette planche, qui n'est pas dans la première édition :

> *Les quantitez et les distances*
> *Ont concordables différences,*

ne donne aucune idée de son sujet ni de sa valeur. C'est, en avant de quelques arbres, la prairie hors de la porte de la ville. Il est soir après la journée finie, ou bien l'on est au dimanche, et les bourgeois et les bourgeoises se promènent lentement par petits groupes causeurs. Les uns sont arrêtés, d'autres marchent, d'autres s'abordent. L'un s'appuie sur son bâton, l'autre a les mains dans sa ceinture ou sur son escarcelle; l'un tient un marteau de forgeron, d'autres une hache, une flèche, un papier, un gant. Le gorrier se reconnaît à son poignard, et l'élégante à son faucon. La composition, éparpillée par étages, est plus que naïve; mais ces bons hommes et ces bonnes femmes en longues robes sont bien campés, justes d'expression, et je suis sûr que M. Leys, qui connaît si bien les costumes, les caractères et les types de cette époque, transportant sur une toile ces silhouettes en avant des lointains d'un paysage ranquille, n'aurait qu'à donner à toutes ces figures des traits, et à tous ces costumes des détails et des couleurs, pour **en faire une** œuvre charmante, qui surprendrait par sa vérité naïvement piquante et sa calme simplicité.

C. 8 verso (1ʳᵉ éd., E. 3 ; 3ᵉ éd., C. 8 verso). Une élégante porte triomphale, un *arc d'antique*, comme on disait alors, s'ouvre dans un mur crénelé et sert de cadre à une perspective de paysage. Celui-ci représente la ville de Sainte-Baume, le rocher nu qui la domine, et tout en haut la petite chapelle. Dans la première édition on lisait au bas de la planche, dans laquelle le paysage, plus grand, sans arc d'antique ni mur crénelé, n'avait d'autre encadrement que le trait carré : « Memoria montis Balsami, rupis asperrima, loci penitencie beate Marie Magdalene. » Dans les deux autres on lit ces seize vers, dont les quatre derniers sont presque bons :

> Par l'arc au loing la Basme appert,
> Roche assise en recès desert,
> Haulte et rude; a ung antre obscur,
> Lors ouvert, depuis clos de mur,
> Où jadis dure penitence
> Fist la Magdalaine en Provence,
> Trente ans, dient, gisant sur terre
> Et plorant comme fist sainct Pierre.
> Exemple digne et imitable,
> Et lieu devot et visitable
> Pour se reduire et enflammer
> A la suyvir et Dieu aimer.
> Et qui ne puet faire la voye
> Son cueur par desir y envoye,
> En suppliant pareille grâce
> Que Dieu lui fist ainsi nous face (1).

C. 9 recto (1re éd., E. 9; 3e éd., C. 9 recto). Dans un chœur d'église peu éclairé on voit à gauche un autel, couvert d'une nappe et entouré de quatre colonnes avec tringles et rideaux. Derrière l'autel une cinquième, un peu plus haute, supporte un ange volant qui tient une monstrance; un dais est suspendu au dessus de l'autel. A droite, au fond, s'ouvre dans le mur une niche en anse de panier contrecourbée, surmontée d'un pot d'où sortent des flammes. Dans la niche on remarque une patenostre de dix grains attachée à un clou, le bourdon de pèlerin à pomme et à pointe, l'escarcelle, décorée des coquilles symboliques et accompagnée de la ceinture, et aussi trois livres posés l'un sur l'autre, dont on voit les tranches avec leurs fermoirs. C'est comme la *marque* de

---

1. L'abbé Migne a imprimé dans ses collections un livre relatif à ce pèlerinage : *Monuments inédits sur l'apostolat de Sainte Marie Madeleine en Provence*, etc., par l'auteur de la dernière *Vie de M. Ollier;* 2 vol. in-4°.

Pèlerin, et l'allusion est encore indiquée par les deux vers qu'on lit au bas :

> Summe faber rerum, qui perspicis omnia solus,
> Ad te directo calle viator eat. Amen.

Dans la première édition, cette planche, qui était en sens inverse, présente de notables différences : ainsi il n'y a ni tringles, ni rideaux, et, le pot, d'où sortent les flammes, manque au dessus de la niche.

Comme on l'a vu, cette seconde édition a dix neuf planches qui manquent à la première ; par contre, la première en a un certain nombre qui ne sont pas répétées. Nous avons déja eu occasion d'indiquer que le palais avec l'inscription au nom de Jules II était d'un dessin dans les deux dernieres éditions et d'un autre dans la première ; voici maintenant les autres planches de la première qui n'ont pas d'équivalentes dans les deux suivantes :

B. 3. Péristyle à colonnes d'un édifice dont l'entrée est sur le côté à la gauche du spectateur.

B. 7. Statue de la Sainte Vierge en avant d'un rétable. Au dessus deux anges tiennent une draperie. De chaque côté de la Sainte Vierge, un ange tenant à deux mains une sorte de torche allumée.

C. 3. Bel édifice du XVIe siècle, à fenêtres carrées coupées en quatre par des croisillons. A droite une tour qui paraît renfermer l'escalier. Au centre, un balcon surmontant le porche et supporté par des colonnes. La toiture terminée par un faîtage découpé.

D. 1. Entrée d'un palais sous un porche. Au fond une galerie à colonnes, d'où l'on découvre la campagne.

D. 3. Arc de triomphe dont l'ouverture principale laisse voir une rue au-delà. L'ouverture de droite ne se voit pas ; au dessus de celle de gauche un bas-relief.

E. 7. Trois pyramides.

E. 8. Des contreforts. Deux lignes tracées obliquement sur leurs flancs indiquent les deux points de départ de la poussée. C'est à elle évidemment que se rapporte le vers :

> Fortius impellit quis nixus calce remoto,

c'est-à-dire, sans doute, soit : Si l'éperon, ou le contrefort, était ôté, cet effort (celui de la poussée) pousse trop fortement; soit : Lequel de ces deux efforts (les deux lignes obliques) pousse le plus fortement ?

Quant à la troisième édition, publiée en 1521, elle a conservé tous les bois de la seconde, et en offre même un de plus. Cette nouvelle planche a d'ailleurs, si je ne me trompe pas, une importance réelle, en ce qu'elle pourrait bien avoir son poids dans une question qui a divisé les bibliographes lorrains, celle de savoir si Pierre Jacobi a eu une double imprimerie, l'une à Saint-Nicolas-de-Port, l'autre à Toul. Les uns ont excipé de la triple souscription de la *Perspective*, qui, en 1505, 1509 et 1521, répète le mot : *Imprimé à Toul*; les autres ont répondu que pas un autre ouvrage de Pierre Jacobi ne porte cette indication, et que, lorsqu'un homme, après avoir dit qu'il imprime à Toul, ajoute avec soin qu'il demeure à Saint-Nicolas, il y a grande chance pour qu'il n'ait d'imprimerie qu'à Saint-Nicolas. Toul n'en est éloigné que de cinq lieues; les relations étaient donc fréquentes, et il a pu être agréable à Pèlerin, chanoine de Toul, que le nom de la ville qu'il habitait fût sur son ouvrage. J'ajouterai à ces raisons, déjà très bonnes, un autre motif qui leur apporte un nouvel appui.

La planche ajoutée dans la troisième édition (C. 9 verso) est un sujet, et non pas un exemple de perspective ; elle a donc été ajoutée dans un autre but, et je remarquerai qu'elle est maladroite, grossière, tout à fait indigne des précédentes, et certainement d'une autre main. Elle représente un vaisseau avec douze rameurs, commandés par un personnage tenant une palme. Saint Michel, sur le gaillard d'avant, précipite un diable dans l'eau ; sur le gaillard d'arrière, deux personnages tiennent le gouvernail. La voile porte une représentation du Christ en croix, et l'on voit au-dessus le Saint-Esprit entre quatre personnages, dont l'un est Moïse, reconnaissable à ses deux cornes, et enfin le Père entre le soleil et la lune. Malgré tous ces détails, l'idée première reste toujours le vaisseau. Or celui-ci est étroitement lié à l'idée de Saint-Nicolas. Joinville nous en sera le premier garant. Dans une tempête furieuse où saint Louis, la reine et leurs enfants semblaient devoir périr, le bon sénéchal conseilla à la reine de faire à Saint-Nicolas-de-Warangeville, — c'est l'ancien nom de Saint-Nicolas-de-Port, — le vœu d'une nef d'argent de cinq marcs, parce qu'ils seraient sauvés à ce prix. Le vent calmé, personne ne douta du miracle. Aussi, « quant la royne, que Dieu absoille, fut revenue en France, elle fit faire la nef d'argent à Paris, et estoit en la nef le roy, la royne et les trois enfants, touz d'argent, le marinier, le mât, le gouvernail et les cordes tout d'argent, et me dit la royne que la façon avoit cousté cent livres. Quant la nef fut faite, la royne la m'envoya à Joinville (1) pour fère conduire à Saint-Nicolas, et je si fis, et encore la vis-je à Saint-Nicolas quant nous menâmes la sereur le roy à Hagueno au roy d'Allemagne (2). » On comprend à quel degré cette relique de saint Louis (3), dont le sujet en appa-

---

1. Arrondissement de Vassy (Haute-Marne).

2. *Mémoires de Joinville*. Paris, Imprimerie Royale, 1761, in-folio, p. 132.

3. Ce précieux vaisseau, qui serait aussi curieux au point de vue de l'histoire de la marine que comme œuvre d'orfèvrerie, a dû périr lorsque la ville fut pillée par les Suédois. Du reste, il est probable que ce ne fut pas le seul vaisseau qui fut offert à Saint-Nicolas, et j'ai sous les yeux une photographie que M. de Girmont, le curé actuel, a bien voulu envoyer à mon ami M. Baudot, d'un autre vaisseau

rence se rapportait aussi bien à la navigation sur la Meurthe du port de la ville qu'au patronage de Saint-Nicolas sur les marins, identifia l'idée du vaisseau et de la ville elle-même. Aussi, quand le duc René, qui posa, en 1495, la première pierre de l'église actuelle(1),

en argent doré qui existe aujourd'hui dans le trésor de l'église. Le vaisseau, à un seul mât, est posé sur la coquille d'un nautile, portée elle-même sur quatre petites roues ; les quatre bandes à dessins très ouvragés, les costumes des deux musiciens qui sont dans la hune et des personnages qui garnissent le pont du vaisseau, à l'arrière duquel le saint est assis, accusent le commencement du dernier tiers du 16e siècle. Je ne puis au reste sur son histoire mieux faire que de transcrire ce que m'a écrit M. Beaupré :

« En novembre 1851 se faisait à Nancy la vente aux enchères du cabinet de M. Butte père. Elle avait été précédée de l'émission d'un catalogue où on lisait : « Un vaisseau en argent doré, le corps formé d'un nautile monté sur quatre roues ; plusieurs personnages en argent doré. On prétend que cette pièce provient du trésor de Saint-Nicolas-de-Port, auquel elle aurait été donnée par un grand personnage. Pièce unique. » M. l'abbé de Girmont, curé de Saint-Nicolas, désireux d'acquérir cette pièce, qui rappelait jusqu'à un certain point le vaisseau dont on fait remonter la disparition au pillage de 1635, et à l'identité de laquelle croyaient bien des gens qui ne l'avaient pas examinée, pria mon fils aîné d'enchérir pour lui, craignant, disait-il, qu'on ne la lui fît payer trop cher, s'il enchérissait en personne. C'est ce qui fut fait, et n'empêcha pas le nautile de monter à quelque chose comme un millier de francs.

« M. Butte ne disait pas précisément, mais laissait dire, que cet objet provenait du trésor de l'église de Saint-Nicolas. J'en doute en présence de l'inventaire de 1584, qu'a publié M. Digot et où l'on voit :

« *Un vaisseau avec une nacquée (nacre) de perle, argent doré, pesant trois marcs et sept onces, appelé l'Ampole ; mais la nacquée de perle est rompue.*

« *Une navire avec les chaînes d'argent pesant dix-neuf marcs.*

« Le navire pourrait être celui qu'avait donné la femme de saint Louis, soit que son origine fût oubliée, soit au contraire qu'elle fût assez notoire pour qu'on ne jugeât pas nécessaire de la rappeler ; il ne pouvait être le vaisseau actuel, qui n'est pas d'argent et ne pèse pas 19 marcs. Le vaisseau appelé l'Ampole, qui peut d'ailleurs n'être qu'un vase, ne l'est pas davantage, par la raison que, si mon souvenir est fidèle, le nautile est sans fracture. J'ajouterai que les autres objets sont des chopinettes, des coffrets, des calices, etc., dont la mention ne saurait s'appliquer à notre nautile. »

1. Voir sur elle le texte (p. 55-58) et les planches 13, 14, 15, 16 et 38 du *Rapport sur les monuments historiques des arrondissements de Nancy et de Toul*,

donna des armes à Saint-Nicolas de Port (¹), il ne manqua pas d'y mettre un navire(²). Ces faits rappelés, la planche nouvelle implique tout naturellement que la figure portant une palme et commandant les rameurs est celle de saint Nicolas ; les deux personnages tenant le gouvernail portent deux bannières ; les deux clefs en sautoir sont les armes du pape ou celles de la ville lorraine de Remiremont ; mais il est très probable que les lignes peu claires qui se trouvent sur l'autre bannière, à demi-cachée par la voile, sont, dans ce dessin sommaire, une représentation telle quelle de l'écu de France ancien, à la bordure de gueules, qui sont les armes d'Anjou, c'est-à-dire celles mêmes de la mère du duc René. Ainsi il est bien certain que le tout est une mise en scène des armoiries de Saint-Nicolas-de-Port; par là, c'est presque une signature, une indication de comprendre l'*impressum Tulli* par *publié à Toul*, et une forte raison de croire que la *Perspective* a en réalité été imprimée à Saint-Nicolas (³).

---

par M. Grille de Beuzelin, Paris, 1837, in-4, et aussi la *Notice* [par M. Digot] *de Saint-Nicolas-de-Port*, Nancy, Vagner, 1848, in-8° de 20 pages.

1. Dom Calmet, *Histoire de Lorraine*.

2. Les armes de Saint-Nicolas-du-Port furent confirmées en 1546 par Christine de Danemark, régente de Lorraine pendant la minorité de son fils Charles III. Elles étaient « au champ d'or, à une navire, maillée, hunnée, cordée de sable, flottant sur undes d'azur et d'argent de cinq pièces, au chef de gueules, à l'alérion d'argent. » (*Notice sur l'église*, p. 7.) Mais les armes ont varié. Les vitraux de l'église donnent bien un écu d'or au navire de sable sur ondes d'azur, au chef de gueules à l'aigle éployé d'argent ; mais M. Grandmaison, *Dictionnaire héraldique*, 1852, in-4°, colonne 339, les dit d'argent à la fasce d'azur chargée d'un navire d'or. Comme la pièce principale est toujours un vaisseau, celui-ci suffit à les rappeler. Ainsi, de même qu'on représente souvent le vaisseau de Paris sans son chef de France, de même connaît-on les armes de Saint-Nicolas-du-Port réduites au seul vaisseau ; c'est le cas du jeton du XVII siècle cité par M. Henri Lepage dans son excellent article historique des *Communes de la Meurthe*, Nancy, 1854, I, p. 476-99.

3. Peut-être, comme il fallait assez peu de caractères pour établir un volume aussi mince, la composition a-t-elle été faite à Toul sous les yeux de l'auteur, et le tirage à Saint-Nicolas, siège du matériel de l'imprimerie et résidence du typographe. Cependant, comme le transport des formes est peu facile et par là im-

probable, il serait plus naturel de croire qu'on aurait apporté une presse en même temps que les caractères, et l'impression serait de la nature de celles faites par Simon de Colines à Meaux pour l'évêque Lefèvre d'Etaples (article de M. Bernard dans le *Bulletin du Bouquiniste* du 15 février 1860), ou par l'imprimeur Dupré à Chartres, dans la maison du chanoine Pierre Plume (*Histoire de Chartres*, par M. de Lépinois, tome II). Mais il faut choisir entre les deux opinions opposées, l'impression et le tirage à Toul, ou l'impression et le tirage à Saint-Nicolas, sans pouvoir les concilier par une opinion intermédiaire.

IV.

LES PEINTRES

CITÉS

PAR PÈLERIN.

———

La plus grande différence offerte par la dernière édition de la Perspective artificielle consiste, avons-nous dit, dans la présence, sur le titre, d'une pièce de dix-huit vers français, qui ne se trouvait pas au frontispice des deux premières. Ce n'est pas une préface, mais un hommage et une sorte de dédicace adressée par Pèlerin aux peintres de son temps, et elle se trouve particulièrement curieuse par l'énumération qu'elle fait d'un certain nombre de peintres. Il y a vingt ans, l'on n'en aurait compris que la partie courante et par conséquent inutile. Aujourd'hui nous pouvons aller plus loin, et les recherches des pionniers de l'histoire de l'art ont fait assez de découvertes heureuses pour permettre de répondre sur des noms à propos desquels on serait autrefois demeuré muet. Il en est cependant qui restent sans explication, même pour ceux des connaisseurs à qui je les ai soumis, et qui, avec la franchise des gens qui savent véritablement, n'ont pas honte de convenir qu'ils ignorent quelque chose. Dans cet état la question mérite d'être discutée; d'un côté, on en sait assez pour ne pas s'en tenir à des explications si évidentes qu'elles en seraient oiseuses, et pour pouvoir mettre après le plus grand nombre des noms autre chose que des points d'interrogation ; de l'autre, il reste encore assez de désignations obscures pour piquer la curiosité.

Le passage a été bien souvent cité et ne peut être ignoré d'aucun de ceux qui peuvent s'y intéresser. Ils l'ont pu lire d'abord dans les premières *Recherches* de M. Beaupré (février 1845, page 22-3), et, après lui, dans l'*Alliance des Arts* de M. Paul Lacroix (octobre 1845), dans le premier volume des *Peintres provinciaux* de M. de Chennevières (1847, I, 276), dans une note de la *Renaissance des Arts* de M. de Laborde (1850, I, 161), plus récemment encore dans la *Revue universelle des Arts* et dans les *Archives de l'art français* (*Documents*, VI, 65-66); mais nulle part il n'a été pris à parti. On doit ici tenter de le faire ; tous ceux qui s'occupent de ces matières en diraient autant que moi, en y regardant de près ; mais, en faisant deux parts dans ces noms, ce que je vais dire servira du moins à bien préciser ceux qui restent encore à éclaircir, et à les signaler aux recherches des vrais travailleurs et aux hasards de leur lecture. Les intelligents seuls en savent profiter ; mais il est bon qu'ils soient prévenus, pour ne pas laisser passer comme inutile ce qui pourrait apporter la clarté dans les points encore litigieux.

Voici d'abord les vers en question :

> O bons amis, trespassez et vivens,
> Grans esperiz Zeusins, Apelliens,
> Decorans France, Almaigne et Italie,
> Geffelin, Paoul, et Martin de Pavye,
> Berthelemi Fouquet, Poyet, Copin,
> André Montaigne et d'Amyens Colin,
> Le Pelusin, Hans Fris, et Leonard,
> Hugues, Lucas, Luc, Albert, et Benard,
> Jehan jolis, Hans Grun, et Gabriel
> Vuastele, Urbain, et l'ange Micael,
> Symon du Mans, dyamans, margarites(1),

1. Perles.

Rubiz, saphirs, smaragdes (1), crisolites (2),
Amétistes, jacintes et topazes,
Calcedones, aspères et à faces (3),
Jaspes, bérylz (4), acates (5) et cristaux (6),
Plus précieux vous tiens que tels joyaux,
Et touz autres nobles entendemens
Ordonnateurs de specieux figmens.

Ainsi, par une comparaison avec des pierres précieuses, comme dans le passage bien connu et antérieur d'un contemporain de Pèlerin, Jean Lemaire, dans sa *Plainte du desiré* (7), notre chanoine dit aux peintres de son temps : O grands esprits, vous êtes encore plus précieux que les pierres les plus belles et que les autres artistes ; car c'est ainsi, je crois, qu'il faut comprendre ces autres esprits qui ordonnent des figments spécieux. *Spécieux* apporte l'idée de beaux à voir, et figments, de *figmentum*, celle d'un ouvrage physiquement matériel.

Comme on a ici sous les yeux un *fac-simile* de l'original, j'ai pu, comme on l'a vu, compléter la transcription de ces vers, en leur donnant cette clarté définitive qui résulte de l'emploi des capitales et de la ponctuation moderne. Ces éclaircissements, qui autrefois n'étaient pas en usage, sont toujours nécessaires à ajou-

1. Emeraudes.
2. Pierre transparente, mélangée d'or et de vert.
3. De *asperus*; avec leur forme naturelle et rude, c'est-à-dire : polies en cabochon, ou taillées à facettes.
4. *Béryl*, nom de plusieurs variétés de quartz et de topazes, mais surtout de l'aigue-marine quand elle est d'un beau bleu sans mélange de vert.
5. Agathes.
6. On sait à quel degré le moyen âge s'est servi de cristal de roche pour les objets précieux. Voir le *Glossaire* de M. de Laborde.
7. Sur la mort de Louis de Luxembourg, arrivée en 1503. Le passage se trouve dans l'abbé Goujet, X, 73, et dans M. de Laborde, *Ducs de Bourgogne*, t. I, introduction, page xxv, à la note. — *La plainte du desiré* se trouve à la suite de la Légende des Vénitiens, imprimée à Lyon et à Paris en 1509.

ter aux anciens textes, parce qu'ils les précisent et les expliquent sans les modifier, tout en restant toujours une œuvre moderne sujette à contestation; mais, dans le cas présent, à cause de la façon dont la suite ininterrompue de noms propres pouvait faire doute quant à leur coupure ou à leur réunion, la ponctuation eût été trop délicate à établir si Pèlerin, sentant le danger de laisser son lecteur s'égarer sur ce point, n'en avait employé une, évidemment intentionnelle et par là importante. Elle est même d'autant plus remarquable qu'à l'époque de Pèlerin la petite barre diagonale qui servait de notation était encore une nouveauté assez peu employée. Dans la prose, au lieu d'exprimer d'une façon régulière la fin d'une phrase ou le repos de ses membres, elle était à peu près mise au hasard; dans les vers elle servait à exprimer ou la fin du vers, ce qui était inutile, ou la césure, ce qui ne servait pas beaucoup plus, et ceux qui sont familiers avec les vieilles impressions gothiques des poëtes faites au 16e siècle se rappelleront plus d'un volume où on ne la trouve que de cette façon. Pèlerin l'a employée dans son énumération d'une manière plus intelligente; il l'a fait servir, soit à l'intérieur des vers, soit au rejet du commencement, à bien distinguer chaque peintre, pour éviter de les confondre entre eux; sans cela cette suite de noms de baptême nous aurait exposé à couper en deux un seul artiste, ou à attribuer à un seul ce qui en désigne deux. Le doute, impossible dans quelques cas, aurait été assez embarrassant dans d'autres pour nous rendre reconnaissants envers Pèlerin de nous avoir épargné cette discussion spéciale et comme préalable, et par là de nous avoir sauvé des hésitations dont on ne serait pas sorti sans erreurs.

Comme observation générale, il faut aussi remarquer le mot *trespassez et vivans*, ce qui permet de reconnaître dans plusieurs noms des peintres aussi bien morts après qu'avant 1521, et les épithètes *Zeusins* et *Apellians*, parce qu'elles ne se rapportent qu'à des peintres. Dans les artistes qui sont nommés ici, il peut y en avoir, on le voit du reste pour un d'eux, qui aient touché à la sculpture; mais cette comparaison avec Apelle et Xeuxis, qui n'ont jamais eu affaire au marbre ni au bronze, nous montre qu'il n'y a là aucun sculpteur proprement dit.

Arrivant aux noms de ces artistes

Decorans France, Almaigne et Italie,

nous n'avons qu'à suivre la division par pays qui nous est indiquée, et à prendre d'abord ceux qui ne donnent lieu à aucune difficulté. Les Italiens seront naturellement ceux qui nous arrêteront le moins; leur éloignement n'a permis de figurer ici qu'à ceux dont la réputation avait, de leur vivant, franchi les Alpes.

Les trois plus grands touchent même directement à la France. Le grand Léonard de Vinci, que Charles VIII avait connu dans le Milanais et que Louis XII avait voulu attirer près de lui, avait enfin cédé aux instances de leur successeur ; il était arrivé en France en juin 1516 et venait de mourir au château du Clou près d'Amboise, le 2 mai 1519. Si Raphaël, dont la mort récente (6 avril 1520) venait de priver Narbonne de la Transfiguration, n'était jamais venu en France, il avait travaillé pour François Ier. Sans parler du brûle-parfums gravé par Raimondi, et dont la destination royale est attestée par la présence des fleurs de lis et des salamandres ([1]), le saint Michel et la grande Sainte-Famille étaient arrivés à Fontainebleau dès 1518 ([2]), et Louis XIV n'a pas ajouté beaucoup à ce que lui avait laissé François Ier. Les deux tableaux sont signés : Raphaël Urbinas, et c'est de là que notre chanoine et bien d'autres comme lui ont tiré la forme Urbain, prenant le mot bien moins pour une désignation de patrie que pour un nom de famille. Le Buonarotti, qui devait vivre jusqu'en 1564, et que, longtemps après Pèlerin, Ronsard et Vigenère appelleront encore Michel

---

1. Bartsch, t. XIV, n° 489. De notre temps la planche de Marc-Antoine a été copiée par M. Péquégnot.
2. *Carteggio* de Gaye, II, 147.

l'ange, n'avait peut-être pas encore donné à Strozzi les Esclaves, qui des mains de celui-ci passèrent aussitôt dans les niches de la cour d'Ecouen (1), et il ne fut question de sa venue en France qu'en 1529 (2); mais on avait vu de lui des marbres, et ce crucifix dont on ignore le sort, et ce David en bronze, d'abord offert par la Seigneurie de Florence au maréchal de Gié, et qui, après avoir été envoyé à Florimond Robertet, qui devait en orner la cour de son hôtel d'Alluye, à Blois (3), paraît avoir passé de bonne heure et avoir subsisté jusqu'à la Révolution dans la cour du château de Bury, près Blois (4). D'ailleurs le plafond de la Sixtine était déjà découvert, et le bruit avait été assez grand pour passer aussitôt les monts.

Je ne m'étonne pas de la présence du nom de Vannucci, dont Pèlerin a changé le nom usuel de Perugino en Pelusin (5); dans le nombre de ses tableaux, qu'à un moment il fabriquait un peu par douzaines, nous n'avons pas besoin de savoir par le Vasari (6)

---

1. Abecedario de Mariette, I, 219-21, et la *Revue universelle* des Arts, VIII, 44, octobre 1858.

2. *Lazare de Baif et Michel-Ange Buonarroti*, 1529-1530. Article de M. Marchegay, publié dans la *Revue de l'Anjou*, t. I, 374. Cette curieuse notice forme le n° 12, p. 126-31, des *Notices et Documents historiques*, réunion de tirages à part d'articles publiés par M. Marchegay de 1854 à 1857, et rassemblés en un volume, tiré seulement à 48 exemplaires, Angers, 1857, in-8° de 475 pages.

3. F. Reiset, un bronze de Michel-Ange, *Athenæum français*, mai et juin 1853.

4. Jodocus Sincerus, *Voyage en France*, traduit par Thalès Bernard, Lyon, 1859, in-12, p. 106. Prudhomme, *Dictionnaire de la France*, 1804, I, 223-4. — Il faut remarquer que, si petite que soit sur une colonne la figure d'homme nu, indiquée par la pointe de Ducerceau dans la cour de sa vue cavalière du château de Bury (*Excellents bâtiments de France*, tome II, à la fin), il est curieux d'y reconnaître le mouvement du David dont le Louvre a le dessin de Michel-Ange.

5. Ce n'est pourtant pas tout à fait une dégénérescence. Quant Lemaire a dit *Perusin*, il a traduit convenablement *Perugino*, puisqu'en français Perugia se dit Pérouse. Le changement de *r* en *l* dans Pelusin est le résultat de la permutation constante des liquides entre elles.

6. Edition Lemonnier, VI, p. 32 et 58.

que la France en avait eu sa part, pour croire qu'il en était venu. Le nom de Montaigne aurait pu jeter dans l'incertitude ; la fréquence des relations de Venise avec l'Allemagne, dont la Lorraine faisait alors partie, — fréquence attestée par la contrefaçon de la Passion de Durer, qu'y fit Raimondi dès 1512, et par l'imitation des paysages de l'art allemand dans les fonds des tableaux vénitiens du temps, — aurait fait penser à Benedetto Montagna ; mais, avec le prénom d'André, la présence de l'o doit être tenue pour nulle, et il n'y faut voir, ce qui est plus naturel à cause de sa valeur, que le grand Florentin Andrea Mantegna. Je ne sache pas qu'il ait travaillé pour la France, mais ses gravures, antérieures à 1506, année de sa mort, y pouvaient être connues. De même que les manuscrits à miniatures sont, jusqu'à la fin du XVe siècle, peut-être la seule voie d'influence que l'Italie a pu avoir sur la sculpture et l'architecture françaises pour les détails de l'ornementation, de même aussi les gravures, en raison même de leur peu d'importance matérielle, voyageaient loin et portaient avec elles plus d'influence qu'on ne pense. Ne voyais-je pas dernièrement le titre d'un livre, imprimé à Rome au XVe siècle, avoir pour ornement un cadre barbare de nébules, copié des bordures du Saint Bernard et du Saint Michel au fond criblé ?

Les Allemands proprement dits ne sont pas en grand nombre ; Luc, ce doit être Lucas Cranach ; Albert, c'est le grand Durer, tous deux encore vivants, puisque le premier mourut en 1553, à 81 ans, et le second en 1528. Un nom qui surprend davantage, surtout par son exactitude, c'est celui de Hans Grun ou Hans Baldung Grun, de Gemund (1), qui, s'il était connu en Lorraine, ne devait guère l'être à Paris. Dans l'école des Pays-Bays, si le nom de Lucas, c'est-à-dire de Lucas de Leyde (2), mort en 1533, n'a,

---

1. Bartsch, t. VII.
2. Ni pour Luc, ni même pour Lucas, il ne peut être question de Lucas Penni, déjà né, mais encore inconnu en 1521 ; il appartient tout entier à l'école de Fontainebleau, créée par le Rosso et par Primatice.

grâce surtout à sa qualité de graveur, rien qui doive nous étonner, il n'en est pas de même à propos du peintre désigné par le prénom de Hugues. Il doit s'agir de Ugo vander Goes, de Gand, l'un des meilleurs élèves de Roger vander Weyden, qui ne paraît pas avoir travaillé pour la cour de France, mais seulement pour la cour de Bourgogne (1). Evidemment, Pèlerin, —et son séjour dans la Lorraine, alors en dehors de la France, y est pour beaucoup, — montre, par cette mention de Baldung Grün, qu'il connaissait bien les maîtres allemands contemporains, et, par celle d'Ugo vander Goes, qu'il était aussi familier avec ceux de Flandres.

Toutes ces explications sont incontestables; celles des noms français le sont aussi, mais grâce au mouvement de recherche qui, depuis vingt ans, s'est porté de ce côté. Si, au lieu de lire : Barthélemy Fouquet, ces deux mots devaient être pris séparément, il y aurait eu à voir dans le second Jean Fouquet, et dans le premier ou Barthélemy Guety, qui a été peintre de François Ier de 1522 à 1532 (2), ou Barthélemy de Clerc, peintre du roi René d'Anjou, dont M. Vallet de Viriville nous a révélé l'existence (3), ou peut-être encore ce Barthélemy cité à la date de 1505 par M. Henri Lepage, dans son *Histoire du Palais ducal de Nancy* (4);

1. Jean Lemaire le cite :

Hugues de Gand qui tant eut les traits nets,

mais il cite aussi :

Et de Francfort maistre Hugues Martin.

Ugo de Carpi, l'habile graveur de camaïeux, a pu être connu de Pèlerin, mais il ne peut être question de lui dans cette énumération de peintres.

2. Laborde, *Renaissance des Arts*, I, 196-8; *Archives curieuses*, III, 80, et, aux *Archives de l'Empire*, les comptes des menus plaisirs, vol. 100.

3. *Archives de l'Art français*, Documents, V, 209.

4. Sans doute Barthélemy Vest, peintre allemand. *Palais ducal*, Nancy, 1852, p. 20.

mais nous n'avons pas le droit de changer arbitrairement une ponctuation que Pèlerin a établie d'une façon volontaire, soigneuse, et par conséquent indiscutable. Seulement Barthélemy Fouquet est un nom nouveau. Jean Brèche nous a appris, dans son traité *De verborum significatione* (édition de Tours, 1554, in-fol., p. 410; édition de Genève, 1659, p. 439), que Fouquet avait eu deux fils, artistes comme lui : « Joannes Foucquettus, atque ejusdem filii Ludovicus et Franciscus », mais il ne dit rien de Barthélemy, qui devait être leur parent. Poyet, qui peut être l'auteur principal des belles Heures d'Anne de Bretagne (1) est cité par Jean Brèche dans cette pléiade d'artistes tourangeaux, qui fleurit à Tours à la fin du 15e siècle : « Quorum temporibus fuit et Joannes Poyettus, Foucquettiis ipsis longe sublimior optices et picturæ scientia. » Les admirables miniatures du *Josèphe* de Jean Fouquet, qui sont, avec les miniatures du livre d'Heures d'Etienne Chevalier, possédées à Francfort par M. Brentano, sa seule œuvre authentique, et par là le seul point de comparaison d'après lequel il faille juger les attributions trop nombreuses qui lui sont faites journellement, montrent dans les fonds de paysages à quel degré et avec quel bonheur leur auteur s'est préoccupé de la perspective positive et même de la perspective aérienne. Jean Poyet, car c'est bien dans le sens de *perspective* qu'il faut entendre le mot *optices*, — et, d'après les miniatures des Heures de la reine Anne, il se serait plus attaché à la perspective architecturale, — aurait été plus loin que Jean Fouquet dans cette voie. C'est certainement à ce mérite, particulièrement touchant pour Pèlerin, et peut-être aussi à son existence plus récente et tout à fait contemporaine, que Poyet (2) doit d'être préféré par notre chanoine et par Jean Brèche

1. M. de Laborde, *Renaissance des Arts*, I, xxiv, et Le Roux de Lincy, dans son *Histoire d'Anne de Bretagne*, qui va paraître chez le libraire Curmer, pour compléter sa belle reproduction des Heures.

2. Les additions à la Chronique d'Anjou citent, sous la date du 31 mars 1514, un Jean Poyet parmi les chanoines de Saint-Pierre d'Angers qui assistèrent à la translation des reliques de saint Cohard, évêque de Nantes (folio 201, verso). Serait-ce notre miniaturiste lui-même, ou seulement quelqu'un de son nom ?

à Jean Fouquet, qui aujourd'hui nous paraît au contraire devoir être mis bien au-dessus de lui comme artiste.

Copin n'est pas un nom si connu. Ce nom, qui, en français, est une forme de *compaing*, compagnon, et subsiste en ce sens dans l'argot des écoliers, a été porté par plusieurs peintres. Ainsi, dès 1397, nous trouvons un Copin, dit Grande-dent, occupé à la librairie neuve du duc Louis d'Orléans; ce n'est pas de celui-là qu'il peut être question ici. Un Copin le jeune, enlumineur et peintre de Bruges, et reçu dans la corporation des libraires en 1460, a été cité par M. l'abbé Carton [1]; mais il faut nécessairement reconnaître dans l'artiste cité par Pèlerin le peintre Coppin Delft, qui était peut-être le frère aîné du précédent. Les documents publiés récemment sur lui par MM. Lambron de Lignim [2], Paul Marchegay et Thomas Arnauldet [3], montrent qu'il a été employé, de 1456 à 1482, par le roi René, par Louis XI et par son fils le dauphin Charles, dans les églises de Saint-Maurice d'Angers, de Saint-Pierre de Saumur et de Saint-Martin de Tours. Pèlerin, qui a vécu en Poitou avant 1500, qui a cité des peintres de Tours et dessiné Saint Serge d'Angers, a connu sûrement les œuvres, sinon même la personne de Copin; la mention qu'il en fait ne peut pas se rapporter à un homonyme, et doit être maintenue au peintre auquel M. Arnauldet l'a attribuée.

Comme Français, il reste encore à éclaircir les noms de Colin d'Amiens et de Simon du Mans. Colin d'Amiens, qui est peut-être l'auteur d'un des tableaux faits pour le Puy de cette ville, a vécu sous Louis XI, ainsi que Copin, et, comme Pèlerin, mort en 1523,

---

1. De Laborde, *Ducs de Bourgogne*, t. I, 61, 526, 550, et *Bulletin de l'Académie de Belgique*, n° 7, t. XVI, 2e partie, p. 86.

2. *Touraine, Mélanges historiques*, n° 7, Tours, Ladevèze, 1857, in-8°.

3. *Archives de l'Art français*, 1re série, Documents, tome VI, 1859, p. 65-76.
— Depuis une nouvelle mention nous le montre en 1488 travaillant aux décorations d'un mystère à Angers. *Bibliothèque de l'Ecole des Chartes*, 5e série, tome II, p. 72.

était arrivé à la vieillesse, il n'y a rien d'étonnant à ce qu'il ait cité et connaisse des peintres de cette époque. C'est Colin d'Amiens qui donna le patron de la statue de bronze agenouillée de Louis XI en habit de chasseur, que ce prince fit faire pour son tombeau de Cléry; le marché, conservé dans la collection Gaignières, vol. 378, a été analysé dans le *Magasin pittoresque*, où se trouve le fac-simile du croquis de Colin (1845, p. 363-4), et publié dans le troisième volume du *Comines* de Mlle Dupont (p. 339-44). On a davantage sur Simon du Mans, qui mourut vingt-trois ans après Pèlerin.

En effet, Geoffroy Tory en a parlé deux fois dans son *Champfleury*, dont voici les deux passages :

« Je ne veis onc homme qui les fist ou entendist mieux (les
« lettres) que maistre Simon Hayeneufve, autrement dict maistre
« Simon du Mans. Il les faict si bien et de proportion compétente
« qu'il en contente l'œil aussi bien et mieulx que maistre italien
« qui soit deçà ne delà les monts. Il est très excellent en ordon-
« nance d'architecture antique, comme on peult veoir en mille
« beaux et bons desseings et pourtraictz, qu'il a faictz en la noble
« cité du Mans et à maint estrangier. Il est digne duquel on face
« bonne mémoire; tant pour son honeste vie que pour sa noble
« science, et pour ce ne faignons de consacrer et dédier son nom
« à immortalité, le disant estre un second Victruve, sainct homme
« et bon chrestien. J'escrips ceci volontiers pour les vertus et grans
« biens que j'ay ouy reciter de luy par plusieurs grans et moyens
« hommes de bien et vrayz amateurs de toutes bonnes choses et
« honnestes. Pleust à Dieu que France en eust dix semblables. »
(Ed. de 1549, 28 v°.)

« Maistre Simon Hayeneufve, qu'on appelle vulgairement mais-
« tre Simon du Mans, faict au bas de la courte jambe du G ung
« petit demy rond, qui lui donne une très bonne grâce. Ledict
« maistre Simon est le plus grand et excellent ouvrier en architec-

« ture antique que je sache vivant. Il est homme d'église et de
« bonne vie, amyable et serviable à tous en desseings et pour-
« traictz au vray antique, lesquelz il faict si bons que, si Victruve
« et Lyon Baptiste Albert ([1]) vivoient, ils luy donneroient la
« palme par dessus ceulx de delà les monts. »

Voilà un témoignage bien curieux et bien précis; il est cependant complété par un article de la Croix du Maine ([2]). Il nous apprend que Simon Haieneufve, dit Simon du Mans, était né à Château-Gontier (Mayenne), en 1450, qu'il voyagea en Italie et autres lieux, qu'il construisit beaucoup d'édifices au Mans et ailleurs, fut curé de Saint-Pater et demeurait ordinairement en l'abbaye de Saint-Vincent, au faubourg du Mans; il s'y était retiré en 1500, et, après un séjour de quarante années, il y mourut le 11 juillet 1546, à l'âge de 96 ans. Les Haieneufve, ses neveux, orfèvres à Angers, conservaient dans leur cabinet beaucoup de ses œuvres.

Dans les noms qui restent, celui de Gabriel Vuastele, qui n'est pas courant, peut cependant recevoir une application précise. Il y a eu, me dit-on, un peintre sur verre de ce nom, qui aurait travaillé à Sainte-Gudule de Bruxelles. Celui de Hans Fris, à propos duquel j'avais d'abord cherché s'il n'y avait pas eu un Hans de Vries ou si ce n'était pas un Hans le Frison ou le Flamand, ce qui pouvait conduire à y voir Hans Memlinck, me serait resté tout à fait inconnu si l'éditeur de cette réimpression de Pèlerin ne m'avait dit avoir vu un traité de perspective de cette époque, dont le frontispisce avait au bas, en grandes capitales, les mots : HANS FRIS. Par leur position, qui s'impose aux yeux, ces deux mots indiquent certainement l'auteur du livre; était-il réellement peintre, comme le fait supposer la place que lui a donnée Pèlerin, ou seulement mathématicien? Nous l'ignorons; mais l'analogie d'études

---

1. L'architecte Leone Baptista Alberti.
2. Edition de Rigoley de Juvigny, II, 413.

fait d'autant mieux comprendre que l'auteur de la Perspective artificielle ait dû faire à Hans Fris l'honneur de le citer. Il serait même curieux de comparer les deux ouvrages, pour savoir lequel a été imprimé le premier, et pour voir si Pèlerin a profité du livre de Hans Fris. Malheureusement, nous ne connaissons pas celui-ci, qui est certainement rare, puisque M. Tross ne l'a vu qu'une seule fois.

Au premier abord, Jehan Jolis se présente comme une énigme; mais elle s'explique bientôt. Jolis n'est pas un nom, mais une qualification. A prendre Jéan Jolis pour : le beau, le grand Jean, le Jean par excellence, on penserait à Jean van Eyck(¹), si le nom de Martin Schoen ne voulait à l'origine dire précisément beau et brillant. C'est ce qui fait que les Italiens, au lieu de laisser le mot à la place où il aurait conservé son apparence de nom de famille et de dire *Martino Bello* pour équivalent de Martin Schoen, ont dit, par inversion et à cause de l'élégance, *il bello Martino*, de sorte qu'on ne peut plus comprendre autre chose que *le beau Martin*. Jehan Jolis est analogue, et, s'il y a un Schongauer du nom de Jean, c'est de lui qu'il est question sans conteste. Il y a en effet et l'on connaît un Hans Schoen ou Schoengauer, peintre sur verre à Ulm, dont l'existence est constatée de 1495 à 1514; mais, par cela même que Pèlerin a cité un des Schoengauer, il est étonnant de ne pas trouver dans ses vers une mention de Martin, le plus grand et le plus connu. Aussi quelques personnes seraient-elles disposées à le reconnaître dans celui qui est appelé Martin de Pavie. Dans les historiens de l'art italien comme dans les annalistes de Pavie et de sa Chartreuse, il n'y a en effet, du moins à ma connaissance, rien d'analogue; d'un autre côté, il n'est pas d'artiste, à cause de sa réputation, énorme autrefois malgré ses laideurs, dont le nom ait subi plus de modifications que celui de Martin Schoen; l'abbé Zani, qui en a catalogué une trentaine de

---

1. Jean Lemaire, en parlant de Van Eyck, emploie une épithète qui se rapproche bien de *jolis* :

Et Johannes, qui tant fut élégant.

formes, ne les a peut-être pas toutes connues (¹). Dans cette hypothèse, Martin Schoen aurait été en Italie et aurait séjourné à Pavie ; Pèlerin l'aurait appris, et de là l'appellation qu'il lui a donnée. C'est une supposition qui n'a en soi rien d'impossible ; mais elle ne peut être présentée qu'avec beaucoup de doute, et il lui faudrait une confirmation positive pour pouvoir être acceptée avec le caractère de la certitude.

Le nom de Geffelin soulève une discussion d'un autre genre. Mariette (²) a écrit qu'il avait vu, sur un exemplaire de la petite suite des Triomphes de Pétrarque, qui portent le monogramme de Georges Pencz, une note ancienne de Théodecte Tabourot, celui même qui a précisément possédé un exemplaire de la seconde édition de la *Perspective artificielle*. Cette note portait que l'auteur de cette suite, signée du monogramme PG ou GP, était « Paul Geffelin, le rubis des peintres de son temps ». La composition peut être d'un Allemand, mais d'un Allemand italianisé, et elle se sent du goût de l'école de Fontainebleau ; la suite, dans tous les cas, serait donc très postérieure à la mort de Pèlerin. De plus il n'y a rien à tirer de ce que, dans le monogramme, le P, moins important que le G, semblerait devoir se rapporter à un prénom, tandis que le G serait l'initiale du nom de famille : en effet, le monogramme de Georges Pencz est identique, et c'est bien ici le sien, puisque l'examen le plus attentif ne peut rien trouver dans ces pièces qui puisse permettre de lui en ôter l'exécution et de les écarter de son œuvre. Comme Théodecte Tabourot, mort tout au commencement du XVIIe siècle, a vécu dans le XVIe, son témoignage de curieux très compétent doit être pris en grande considération : il n'y a donc qu'un moyen de l'admettre, c'est que la gravure est bien de Georges Pencz et que l'invention est de Paul Geffelin ; les noms des deux artistes se trouveraient ainsi par hasard avoir les mêmes ini-

---

1. *Encyclopedia*, XVII, 145 et 395 ; mais aucune n'est italienne autrement que par les mots.
2. *Abecedario*, II, 288.

tiales, ou plutôt il n'y aurait sur l'estampe que le seul monogramme du graveur. Mais le Geffelin de Pèlerin est-il le même? C'est possible, et cependant douteux, non pas parce que l'inventeur de cette suite a survécu à notre chanoine, mais parce que le goût de l'ouvrage appartient à une école nouvelle, postérieure à la mort de Pèlerin d'au moins vingt ans, ce qui fait penser à un jeune homme plutôt qu'à un vieillard. Seulement je vois dans les deux cas la même modification de nom. Paul Geffelin serait un Paul Schauffelein encore inconnu, et Geffelin est un Schauffelein contemporain de Pèlerin. Ce dernier serait alors Hans Schauffelein, de Nuremberg ou de Nordlingen, mort en 1550 (¹), dont on connaît beaucoup de grands bois composés dans le goût de Durer et marqués d'un H et d'une pelle, allusion au sens du nom de l'artiste. Sa grande suite de la Passion, en trente-six pièces, se trouve dans le livre du docteur Udalric Pinder, *Speculum Passionis*, connu de Pèlerin, puisque le livre porte la date de 1507.

Maintenant il reste encore deux noms, mais pour ceux-là je n'ai rien à dire.

Malgré la note de Tabourot, il ne faut pas lire, dans le texte de Pèlerin : Geffelin Paul, parce que notre chanoine a séparé les deux noms ; il ne faut pas comprendre davantage : Paul de Pavie, puisque avant l'*et* Pèlerin a mis aussi une séparation, d'autant plus remarquable qu'elle précède une conjonction. M. Huillard-Bréholles a publié dans les *Archives de l'Art français* (²) une pièce relative à un peintre nommé Paul d'Allemaigne, c'est-à-dire Pol de Limbourg, qui travaillait avec ses frères aux miniatures des manuscrits du duc de Berry, frère de Charles VI (³) ; mais il y a plus d'un siècle de distance, et Pèlerin, qui ne cite ni Memlinck,

---

1. Bartsch, VII.
2. 1ʳᵉ série, t. VI, p. 216-8.
3. De Laborde, *Les Ducs de Bourgogne*, I, cxxi, et M. Hiver de Beauvoir, *La Librairie du duc Jean de Berry*, Aubry, 1860, p. 14.

ni van Eyck, ni Jean Fouquet, ne peut pas avoir remonté si haut. Je ne vois pas plus de raison d'y trouver l'Italien Paolo Ucello, quoiqu'il se soit occupé de perspective. Il n'a fait ni livres ni gravures qui pussent le faire connaître à Pèlerin, et, d'après les souvenirs de voyages conservés dans les planches de la *Perspective artificielle*, Pèlerin n'aurait été que jusqu'en Provence. D'ailleurs la forme même du nom se refuse à cette supposition; pour transcrire le *Paolo* italien, Pèlerin aurait dit *Paul* ou *Pol*, mais non pas *Paoul*, qui est plutôt la prononciation de l'allemand Paul. Enfin, il n'y a dans Benard aucune possibilité de voir le petit Bernard de Lyon, qui est postérieur; ce doit plutôt être encore un artiste tudesque, puisqu'il se trouve au milieu des artistes de cette nation. Serait-ce Bernard van Orley de Bruxelles ? Il a été peintre de Marguerite d'Autriche dès 1521, ce qui établit qu'il était déjà connu auparavant; mais pour cela il faudrait s'écarter du texte, qui ne donne pas Bernard, mais Benard.

Ainsi, sur dix-neuf mentions, trois noms seulement, Martin de Pavie, Paul et Benard, restent inexpliqués. A la première lecture on n'aurait pas cru pouvoir arriver à en comprendre quinze; c'est déjà beaucoup, mais il n'y a rien de fait quand il reste encore quelque chose à faire. C'est maintenant sur ces trois noms que devront porter les efforts des érudits, et, si j'ai le regret de les ignorer, je fais peu de doute que je n'aie bientôt le plaisir de les apprendre d'un autre, dont la curiosité, piquée par l'énigme, sera plus heureuse que la mienne à en donner la solution.

Paris, 30 novembre 1860.

DE JOUR EN JOUR
EN APPRENANT
MOURANT.

La même librairie a fait réimprimer l'édition de 1509 de la *Perspective de Viator* par le procédé de M. Pilinski. Ce fac-simile reproduit avec la plus grande exactitude l'original.

Un volume in-folio, reliure à l'anglaise, tiré à 100 exemplaires sur papier vergé, à 60 fr.

12 exemplaires sur papier vélin anglais (Whatmann), à 75 fr.

4 exemplaires sur peau de vélin, à 300 fr.

Ces quatre derniers exemplaires sont tirés sur un vélin imitant celui du XVe siècle et fabriqué spécialement, pour cette édition de Viator, *par M. Bartholmé, à Augsbourg.*

La notice bibliographique et historique de M. A. de Montaiglon a été tirée dans le format in-folio à 136 exemplaires, avec deux fac-simile, pour accompagner la reproduction de M. Pilinski. — Prix : 10 fr.

Dans le format in-8º elle a été tirée à 200 exemplaires sur papier vergé, avec deux fac-simile. — Prix : 10 fr.

Et à 100 exemplaires sur papier vélin (sans fac-simile) : 6 fr.

LES
SEIZE NIELLES
DU GRAND LUSTRE
DE
LA CATHÉDRALE D'AIX-LA-CHAPELLE

Exécuté vers 1165 pour l'empereur Frédéric Ier et sa femme l'Impératrice (Béatrice de Bourgogne). Seize planches tirées à Aix-la-Chapelle sur les gravures originales. — *Paris*, librairie TROSS, 1859, gr. in-fol., 2 ff. de texte, 16 pl. . . 120 fr.

Le plus ancien monument de la gravure en taille-douce.

Il y a quelques années, ce lustre monumental menaçait de tomber en ruine; on le démonta, et *un très petit nombre d'exemplaires* furent tirés sur les 16 grandes nielles.

Les compositions ont été gravées au burin; ce qui a permis d'en obtenir des épreuves parfaites, 700 ans après leur exécution. — Les plus grandes planches ont 250 millimètres de hauteur sur 200 de largeur.

Depuis la restauration et le remontage de ce vénérable monument, tout tirage postérieur est devenu impossible.

Les huit grandes gravures rondes représentent l'histoire de Jésus-Christ; huit autres, presque de la même dimension, les œuvres pour lesquelles on peut mériter la béatitude éternelle.

Cette suite, *dont aucun exemplaire n'a été tiré pour le commerce*, compte déjà parmi les livres précieux.

HISTOIRE DE L'INVENTION

DE

L'IMPRIMERIE

PAR LES MONUMENTS

Paris, de l'imprimerie de la rue de Verneuil, grand in-4, fig. en bois et *fac-simile*, br. . . . . 12 fr.

On remarque, dans cette publication importante et tirée à un nombre restreint d'exemplaires, des *fac-simile* du Donat, de la Bible de 36 lignes, de Lettres d'indulgence de 1454, etc., *imprimés en caractères mobiles*.

Quant aux illustrations modernes, nous citons les grandes planches J. J. Grandville, A. Schroedter de Dusseldorf, G. Seguin, Etex et autres; toutes sont des chefs-d'œuvre.

Les bois qui ont servi à l'illustration de cette publication ont été *détruits immédiatement après le tirage;* chaque exemplaire en fournit la preuve au moyen d'un feuillet placé à la fin et tiré sur les fragments des bois brisés.

Ce beau livre a été publié en 1840, à l'occasion des fêtes du jubilé de l'invention de l'imprimerie.

Paris. — Imprimerie de CH. JOUAUST, rue Saint-Honoré, 338.

Imprimé pour la librairie TROSS, à *PARIS*,

le 15 *mai* 1861.

www.ingramcontent.com/pod-product-compliance
Lightning Source LLC
LaVergne TN
LVHW021001090426
835512LV00009B/1997